The New York City Subway Poems

Poemas del metro de Nueva York

The New York City Subway Poems

Poemas del metro de Nueva York

Carlos Aguasaco

Translated by
Carol O'Flynn and Pilar González

THE ASHLAND POETRY PRESS

Printed in the United States of America ISBN: 978-0-912592-85-5

LCCN: 2020935407

Cover art by Julia Bittruf

Cover design by Nicholas Fedorchak

Editor: Jennifer Rathbun

Book interior by Mark E. Cull

Contenido / Contents

I

Poemas del metro de Nueva York
The New York City Subway Poems

II

Diente de plomo
[*Poemas en prosa sobre la narcoviolencia y el feminicidio en México*]
Lead Tooth / Bullet-Shaped Tooth
[Prose Poems about Narcoviolence and Femicide in Mexico]

III

En el bastidor del mundo / 94
On the Earth's Canvas / 95

IV

Mil noches y una noche / 100
A Thousand Nights and One Night / 101

V

Cara y cruz
Heads and Tails

VI
Nocturnos del caminante
Nocturnes of the Traveler

The New York City Subway Poems

Poemas del metro de Nueva York

I

Poemas del metro de Nueva York

The New York City Subway Poems

Nueva York

Este mundo es por definición desprecio y arrogancia.
Gesto de asco y el asco de hombres hombro a hombro
sentados en el tren.
Mirada fija que en el punto medio se cruza sobre ti
y en ti se disipa en un arabesco con forma de turbante.
No es este mundo tu mundo y lo es.

La ciudad está allí para ser tomada,
la ciudad está allí para derrocharse,
para dar desprecio, para ser reflejo del hombre y el hombre,
para recordar que siempre, no importa donde se mire,
el calor de un lente te abriga con la discreción obscena
de quien sin mirarte te observa.

Sería necesario matar a John Lennon
y afrontar el sarcasmo de sonreír a la cámara para que ella te denuncie
en titulares de prensa diez años continuos sin pagarte un centavo.

Reírse como un loco y apestar a dinero,
apestar como un loco y reírse del dinero.
Nueva York, no es a mí a quien saludas
con tu antorcha encendida en el Atlántico.

New York

This world is by definition contempt and arrogance.
A gesture of disgust and the disgust of men shoulder to shoulder
sitting on the train.
A fixed stare that crosses over you midway
and fades away in you in a turban-shaped arabesque.
This is not your world and it is.

The city is there to be taken,
the city is there to be squandered,
to offer contempt, to be the reflection of man and the man himself,
to remind you that always, no matter where you look,
the heat of a lens cloaks you with the obscene discretion
of one who observes you without looking at you.

It would be necessary to kill John Lennon and confront the sarcasm
of smiling at the camera so that it will denounce you
in ten continuous years of newspaper headlines without paying you a cent.

To laugh like a madman and stink of money,
to stink like a madman and laugh at money.
New York, it's not me that you greet
with your torch burning in the Atlantic.

Nocturno en Nueva York

Es la noche.
Un pez, que soy yo, en las aguas de la noche
nada en dirección a la luz,
en busca de calor y de letras.
La respiración es un grupo de burbujas que entorpece la vista,
hace incómoda la lectura.
Borges, un ojo que se oscurece como el corredor de mi edificio.
Cervantes, la luz del elevador que se abre.

Es la noche.
Un pez, que soy yo, en las mareas de la noche,
desvelado junto a la pantalla,
con los dedos como escamas sobre las teclas.
El hambre es un trago salobre que revienta las tripas
y distrae la lectura.
Borges, un endecasílabo indescifrable a la luz del día.
Cervantes, todo el mar que me rodea en silencio.

New York Nocturne

It's night.
A fish, that is me, in the waters of the night
swims in the direction of the light,
in search of warmth and literature.
Breathing is a batch of bubbles that blocks the view,
making reading difficult.
Borges, an eye that grows dark like the hallway in my building.
Cervantes, the light of the elevator opening its doors.

It's night.
A fish, that is me, in the tides of the night,
sleepless in front of the screen,
with my fingers like scales upon the keys.
Hunger is a brackish drink that bursts the guts
and distracts me from reading.
Borges, an indecipherable hendecasyllable in the daylight.
Cervantes, the entire sea surrounding me in silence.

Neoyorquina

Nueva York era un largometraje en tecnicolor.
La bailarina frustrada que las hace de mesera en el Village,
junto a una india peruana que cocina como los dioses.
La neoyorquina de la espalda descubierta,
la mujer de cadera destroncada,
la clavícula de azúcar,
un anuncio de Coca-Cola con piernas largas.
Alguien que pasa deprisa, que vuelve deprisa, que va deprisa.

Nueva York era unas miradas en el bar
y un motel en las afueras,
un argumento de Huidobro producido por David Lynch,
César Vallejo envenenado con luces,
y otra vez, la mesera que da un brinco ensayado,
la mujer que me sirve y me enseña la espalda,
la joven actriz que se sorprende al verme leer.

El poeta entró en la película por accidente.
Le dieron un papel secundario ordenando café en la barra,
tenía que encender un cigarrillo sin filtro y ver pasar a la protagonista,
lucir extraviado en Nueva York,
verse como un oso hormiguero husmeando entre el fierro y callar.
Pero el poeta no sabe actuar, sólo sobre actuarse, tomarse demasiado en serio.
Pasa la vida entre bares y no sabe de restaurantes.

Nueva York era un largometraje en tecnicolor,
la bailarina sentada con el poeta
y la preciosa india peruana que traduce al español
todo lo que dice la rubia.

New York Woman

New York was a feature film in Technicolor.
The frustrated dancer who works as a waitress in the Village,
alongside a Peruvian Indian girl who cooks like the gods.
The New York woman with the bare back,
the woman with the disjointed hip,
the sugar candy collarbone,
a long-legged Coca-Cola ad.
Someone who passes by quickly, returns quickly, moves quickly.

New York was a few glances in a bar
and a motel on the outskirts,
a Huidobro plot produced by David Lynch,
César Vallejo poisoned with lights,
and again, the waitress who performs a rehearsed jump,
the woman who serves me and shows me her back,
the young actress who is surprised to see me reading.

The poet got into the movie by accident.
They gave him a minor role ordering coffee at the counter,
he had to light up an unfiltered cigarette and watch the leading actress pass by,
look lost in New York,
look like an anteater sniffing among the iron and be silent.
But the poet doesn't know how to act, just over-act, taking himself too seriously.
He spends his life among bars and knows nothing of restaurants.

New York was a feature film in Technicolor,
the dancer sitting with the poet
and the precious Peruvian Indian girl who translates into Spanish
everything the blonde girl says.

Yo

Este soy yo,
un fragmento de mi rostro entre los escombros del World Trade Center,
mi cara entre la multitud,
un punto negro en las graderías del estadio,
un detalle de mi dedo pulgar señalando hacia el Atlántico,
mi nombre en la guía telefónica,
mi nombre en un cheque sin fondos,
la voz de un enano en un coro de gigantes,
un pasaje de avión que no cubre el regreso,
el rastro de mi pie en una silla del metro,
la última letra de mi nombre impresa en una revista,
mi nombre en una lista de la escuela.

Todas las cosas que señalan hacia mí,
la silueta blanca que rodea mi foto en el pasaporte,
mi huella digital en un vaso con whisky,
el susurro de mi nombre en un cuarto cerrado
y dos ojos que lloran mi ausencia.

Este soy yo,
todo lo que no me abarca,
todo lo que no me cubre.
El aire que desplaza mi cuerpo al caminar,
el humo con forma de pulmones y tráquea
en que se convierte mi cigarrillo,
la forma de mi torso entre las sábanas de un hotel,
las personas que pasan junto a mí sin tocarme.

Un ejemplo de sustitución culteranista,
una cita en un ensayo de Sarduy,
un montón de oraciones sin sujeto,
una licencia de conducir en blanco,

Me

This is me,
a fragment of my face amid the rubble of the World Trade Center,
my face among the multitude,
a black dot in the bleachers of the stadium,
a detail of my thumb pointing towards the Atlantic,
my name in the telephone book,
my name on a bounced check,
the voice of a midget in a chorus of giants,
a one-way airplane ticket,
the trace of my foot on a subway seat,
the last letter of my name printed in a magazine,
my name on a school list.

All the things that point towards me,
the white silhouette surrounding my passport photo,
my fingerprint on a glass of whiskey,
the whispering of my name in a closed room
and two eyes that weep over my absence.

This is me,
everything that doesn't include me,
everything that doesn't cover me.
The air my body displaces as I walk,
the lung-and-trachea-shaped cloud of smoke
that my cigarette becomes,
the form of my torso between hotel sheets,
the people who pass beside me without touching me.

An example of euphuistic substitution,
a quotation in an essay by Sarduy,
a slew of subjectless sentences,
a driver's license with no name,

todas las piedras lanzadas hacia mí y desde mí,
las gotas de agua que chorrean del paraguas.

Todo lo que no me abarca, todo lo que no me cubre,
y dos ojos que lloran mi ausencia.

all the stones thrown at me and from me,
the raindrops dripping from the umbrella.

Everything that doesn't include me, everything that doesn't cover me,
and two eyes that weep over my absence.

Bajo esta piel mestiza duerme un enano

Bajo esta piel mestiza duerme un enano.
Usa mi epidermis como una manta de vagabundo,
la enrolla alrededor de su cuello
y, con una taza de café en la mano, pide limosna.

Me molestan su olor a acróbata de circo,
sus ínfulas de domador de trenes,
sus deseos de saltar de una plataforma a la otra
en la estación del metro.

En ocasiones, juego a dejarlo descubierto en mitad de la calle.
Halo mi piel y echo a correr por Lexington Avenue,
lo abandono allí, en la esquina de la sesenta y ocho,
con su cuerpo de yuca y su taza de café.
Corre tras de mí, iracundo,
mi piel ondea como una bandera agarrada a mi puño.

Bajo esta piel mestiza duerme un bufón,
arlequín neoyorquino que bromea en otra lengua.
Una lengua gruesa como mi piel,
una lengua-manta que cubre a quienes tienen frío.

Beneath This Mestizo Skin a Midget Sleeps

Beneath this mestizo skin a midget sleeps.
He uses my epidermis like a homeless man's blanket,
wrapping it around his neck
and, with a cup of coffee in his hand, he begs for money.

His circus-acrobat smell bothers me,
the airs he puts on of being a train-tamer,
his desire to jump from one platform to the other
in the subway station.

Occasionally, I pretend to leave him uncovered in the middle of the street.
I pull off my skin and start to run along Lexington Avenue,
I abandon him there, on the corner of sixty-eighth,
with his yucca body and his cup of coffee.
He runs after me, irate,
my skin waves in the air like a flag tied to my fist.

Beneath this mestizo skin sleeps a buffoon,
a New York harlequin who jokes in another tongue.
A tongue as thick as my skin,
a mantle-tongue that covers those who are cold.

Del buen sentido

De una tela de César Vallejo

Debo decirte madre,
que existe un lugar en el mundo al que todos llaman Nueva York.
Un lugar alto y lejano y aún más alto,
más alto que la iglesia en el cerro de Monserrate y sus palomas sonámbulas,
más alto y lejano que el volcán en que pereció nuestra especie
y sus cenizas azules quemando nuestros rostros mestizos,
más lejano que yo mismo cuando fui a París a visitar a Vallejo,
más alto que Vallejo que ahora valleja a ras de tierra.
Alto y lejano como yo, visto desde abajo,
cuando salto desnudo a nadar en el Hudson
y encuentro inmigrantes tratando de alcanzar la costa.
Sus cuerpos sin vida me llaman desde el fondo
y yo les hablo de ti, madre,
de la mariposa que se fue de tu vientre,
del día en que soñaste que yo era un enano.

Madre, este lugar en el mundo al que todos llaman Nueva York,
no es París, pero tiene una dama francesa que le sonríe a Europa.
Al otro lado del teléfono, mi madre me desea primaveras,
y aquí florecen las margaritas de plástico y sonríen las chicas con tetas de goma.

Madre, no me ajustes el cuello para que empiece a nevar, sino para que cese de nevar,
déjame vagar por esta isla soberbia entre las luces del Show Business,
embriagarme a solas con tu ausencia, y comienza a vivir cansada de mí,
ausente de mí, vacía de mí, sorda de mí, ciega de mí, muda de mí, insomne de mí.

Bajo esta muralla de sombras,
yace un Titanic de granito y un niño que llora en los trenes subterráneos;
la madre de otro hombre lo despierta y se acuesta en su cama.
Nosotros madre, somos de otro tiempo.
Nuestra piel es cuero de tambor y jamás perderemos el acento.

Of Good Sense

From a canvas by César Vallejo

I must tell you, mother
that there is a place in the world that everyone calls New York.
A high and distant place and even higher,
higher than the church at the top of Monserrate and its sleepwalking pigeons,
higher and more distant than the volcano in which our species perished
and its blue ashes burning our mestizo faces,
more distant than I myself was when I went to Paris to visit Vallejo,
higher than Vallejo who now plays *Vallejo* on the ground.
High and distant like me, seen from below
when I jump naked into the Hudson to swim
and encounter immigrants trying to reach the shore.
Their lifeless bodies calling to me from the depths
and I speak to them of you, mother,
of the butterfly that left your womb,
of the day you dreamed I was a midget.

Mother, this place in the world that everyone calls New York,
it is not Paris, but it has a French lady who smiles at Europe.
On the other end of the telephone line, my mother wishes me springtimes,
and here plastic daisies bloom and chicks with rubber tits smile.

Mother, don't adjust my collar so it will start to snow, but so it will stop snowing,
let me roam around this haughty island among the lights of Show Business,
in solitude, get me drunk with your absence and begin to live tired of me
absent of me, empty of me, deaf of me, blind of me, mute of me, sleepless of me.

Under this wall of shadows,
lies a granite Titanic and a child who sobs in the underground trains;
the mother of another man wakes him and lies down in his bed.
We, mother, are from another time.
Our skin is the leather of drums and we will never lose our accent.

Cumplo años

La ciudad me llama.
Corro hacia ella, con los brazos abiertos,
vengo a crucificarme en sus esquinas,
a caer de rodillas en sus escaleras eléctricas,
a gritar mi nombre entre la multitud
que camina hacia su lugar de trabajo.
Espero que alguien me reconozca y se detenga
a preguntar por mis días en la infamia,
los años que he pasado entre trenes y aeropuertos,
entre hoteles de segunda y pensiones de barrio.

Grito mi nombre como quien escribe un mensaje en una botella
y lo arroja a la basura para reencontrarlo
como una etiqueta de cerveza importada.

Grito mi nombre y, con el puño en alto,
inicio una arenga a mí mismo:
¡continúa!, ¡continúa!, me repito y me aplaudo.

Manhattan, amante entrada en los cuarenta, abollada y sucia,
Manhattan, halitosis de vodka y la promesa del placer,
pasa junto a mí y me hace un guiño.
Corro hacia ella con una botella en la mano.
Quiero amarla en todas sus esquinas,
decirle mi nombre al oído e intentar que no lo olvide,
escribir su nombre en una botella y lanzarla al Hudson,
dormir junto a ella y soñar que juego
en el patio donde mi abuela criaba sus gallinas,
soñar que amé mi ciudad natal,
mi pueblo escondido entre las piernas de Manhattan.

It's My Birthday

The city calls me.
I run to her, with open arms,
I come to crucify myself on her street corners,
to fall to my knees on her escalators,
to shout out my name among the multitude
that walks on its way to work.
I hope someone will recognize me and stop
to ask for my days of infamy,
the years I have spent on trains and in airports,
between third-rate hotels and local boarding houses.

I shout out my name like one who writes a message in a bottle
and throws it into the garbage to re-encounter it
like the label on a bottle of imported beer.

I shout out my name and with my fist held high,
I start a harangue with myself:
Go on! Go on! I repeat and applaud myself.

Manhattan, 40-something lover, dented and dirty,
Manhattan, halitosis of vodka and the promise of pleasure,
she passes by and winks at me.
I run to her with a bottle in my hand.
I want to love her on every corner,
to say my name in her ear and hope that she won't forget it,
to write her name in a bottle and throw it into the Hudson,
to sleep beside her and dream that I am playing
in the yard where my grandmother raised her chickens,
to dream that I loved my native city,
my people hidden between the legs of Manhattan.

Oración

Qué la ciudad se rinda,
qué la ciudad se rinda y hable mi lengua materna,
implora el inmigrante.
Y la ciudad se rinde y le habla la lengua de los brazos.
Trabaja —le dice.

Vine a Nueva York para consumirme,
arder como una bujía desde la punta de los dedos,
arar moviendo cajas, cultivar abriendo latas,
cazar animales salvajes en el supermercado,
construir mi choza en nueve metros cuadrados
y leer a Rimbaud en inglés.

Hay que ser absolutamente Neoyorquino
y olvidar que existe el tiempo libre.
Hay que ganar un dólar por minuto
y gastarlo al minuto siguiente.

Y pasan
el carro de supermercado que hala a una anciana hacia las cajas registradoras,
la goma que las chicas usan para templarse al pelo,
los pantalones con bolsillos en las rodillas,
las cadenas de oro, los zapatos tenis y las chaquetas
con las que algunos soportan la pobreza y los veranos intensos
y el inmigrante reciente que trata de masticar la lengua.
El que pierde un diente buscando trabajo.
El que pierde todos los dientes a causa del trabajo.
El que miente acerca de su status migratorio.
El que deja que le mientan y ahorra unos pennies.

La chica que deja a su novio troglodita y se enamora del *Ciudadano*.
El joven que traiciona a su mujer con la anciana del cuarto piso.

Prayer

May the city surrender,
may the city surrender and speak my mother tongue,
so implores the immigrant.
And the city surrenders and speaks to him in the language of his infancy.
Work—it tells him.

I came to New York to be consumed,
to burn like a candle from the tips of my fingers,
to plow moving crates, to cultivate opening cans,
to hunt wild animals in the supermarket,
to build my hut within nine square meters
and read Rimbaud in English.

You have to be an absolute New Yorker
and forget that there is such a thing as free time.
You have to earn a dollar a minute
and spend it the next.

And they pass by
the supermarket cart that pulls an old woman towards the cash registers,
the goo girls use to straighten their hair,
the pants with pockets at the knees,
the gold chains, the sneakers and the jackets
with which some endure poverty and severe summers,
and the recent immigrant who tries to chew his new tongue.
The one who loses a tooth looking for work.
The one who loses all his teeth because of work.
The one who lies about his migratory status.
The one who lets himself be lied to and saves a few pennies.

The girl who leaves her idiot boyfriend and falls in love with a *Citizen*.
The young man who cheats on his wife with the old lady on the fourth floor.

El que llama a su casa desde su casa.
El hijo que conoce a su padre por teléfono.

Vine a Nueva York para consumirme,
arder como una bujía desde la punta de los dedos
y sonreírle a este invierno que sopla,
gigante infinito que me persigue entre túneles.

The one who calls home from home.
The son who knows his father only by phone.

I came to New York to be consumed,
to burn like a candle from the tips of my fingers
and smile at this winter that blows ice-cold wind,
this infinite giant that chases me through tunnels.

Compañera

A: Liliana Vergara Velásquez
—QEPD—

Al irte, no te vas sola.
Te llevas toda mi alegría,
un perro mecánico ladra y da brincos en una esquina de Lexington Avenue
y mi hermano te escribe un poema.

De repente, el mundo se vuelve de concreto;
los árboles son de piedra y sus hojas son de mármol.
Mi hermano continúa escribiendo.
Tú conoces ese secreto familiar,
yo firmaba sus libros y él escribía mis poemas
y el cielo es una plancha de concreto que ha caído sobre el universo.

Ahora el perro es una pieza de granito que pierde el equilibrio y se apoya en la cola.
¿Se congelará también el poeta?
¿Se convertirá en una estatua que fuma en la mitad de la Tercera Avenida?
Quizá.
Pero no dejará de pensar.
No dejará de pensarte.
Allí está Nueva York para recordarle que *la muerte es el desprecio de mil muertes más.*
Allí están la roca en el puerto, la sandalia verde, las piernas de cobre, los huesos de arena,
y el primer verso que viene del mar.

My Dear Companion

To: Liliana Vergara Velásquez
—RIP—

In going, you do not go alone.
You take all my joy with you,
a mechanical dog barks, jumping up and down on a corner of Lexington Avenue
and my brother writes a poem for you.

Suddenly, the world turns into concrete;
the trees turn into stone and their leaves turn into marble.
My brother goes on writing.
You know that family secret,
I signed his books and he wrote my poems
and the sky is a slab of concrete that has fallen on the universe.

Now the dog is a piece of granite that loses its balance and props itself up with its tail.
Will the poet also freeze?
Will he turn into a statue that smokes in the middle of Third Avenue?
Perhaps.
But he will not stop thinking.
He will not stop thinking of you.
New York is there to remind him that *death is disdain for another thousand deaths.*
There is the rock in the port, the green sandal, the copper legs, the bones of sand,
and the first verse that flows from the sea.

Suerte

He alquilado un departamento en Nueva York.
En la pared lateral hay una ventana de dos pies cuadrados.
Al otro lado puede verse una botella de Coca-Cola sostenida por un gorila.
¡Qué suerte tienes! —dicen mis invitados—
Esta vista del Times Square y diez minutos de sol que cruzan por tu ventana
como un gallo de luz que te da los buenos días.
Entonces me río y mi sonrisa los desconcierta.
Para no ofenderlos, explico que después del mediodía
cada vez que el gorila empina el codo y se acerca la botella a la boca
un reflejo del sol se cuela por mi ventana y me avisa que han pasado cinco minutos.
Es un rayo de luz opaca y tibia como la respiración de tu amor junto a la oreja.
¡Qué suerte tienes! —repiten—
y yo asiento como quien está a gusto.
Pero, hay algo más que no puedo confesar:
planeo encontrar la forma de desconectar el gorila cuando tenga el brazo en alto
para sentir el aliento opaco y tibio de la luz por el resto de la tarde.

Luck

I have rented an apartment in New York.
There is a two-square-foot window in the sidewall.
On the other side you can see a Coca-Cola bottle held by a gorilla.
How lucky you are!—my guests say—
This view of Times Square and ten minutes of sun that comes through your window
like a rooster of light that wishes you good morning.
Then I laugh and my smile disconcerts them.
So as not to offend them, I explain that after noon
every time the gorilla bends its elbow and brings the bottle to its mouth,
a reflection of sunlight creeps through my window and notifies me that five minutes have gone by.
It's a ray of warm, opaque light like a lover's breath in one's ear.
How lucky you are!—they repeat—
and I assent like one who is content.
But, there is something else, which I cannot confess:
I plan to find a way to disconnect the gorilla at some point when its arm is raised
so I can feel the warm, opaque breath of the light for the rest of the afternoon.

Parque

El poema es un recurso de la piel
abrigo de huesos y el corazón que late.
Nací para llorar a cántaros y sentarme en los parques.
La lectura en voz alta es hija del poema que se prolonga en el aire.
Nueva York juega a ocultarse bajo el sol de la tarde;
soy un bulto sobre el césped que mira las palomas volar en círculos.
El tren elevado marca el paso de los minutos en intervalos de a siete.

Vengo hasta aquí para sentarme en silencio,
si fuera un árbol mis ramas harían una pirueta en busca de luz entre los edificios,
si fuera un árbol mis raíces serían el remedo de esa pirueta.
Me quedo inmóvil hasta que una paloma me caga la cara,
y me río
             porque también me sé reír a cántaros.
La piel escucha el poema y se eriza con sus acordes.
La lectura en voz alta le rasca la espalda al viento
y el tren, que allá viene, hace inaudible la siguiente línea.

The Park

A poem is a resource of the skin
a coat of bones and the heart that beats.
I was born to cry my eyes out and sit in parks.
Reading aloud is the daughter of a poem that lingers in the air.
New York pretends to hide under the afternoon sun;
I am a bump on the lawn that watches the pigeons fly in circles.
The elevated train marks the passing of minutes in intervals of seven.

I come here to sit in silence,
if I were a tree my branches would do a pirouette in search of light among the buildings,
if I were a tree my roots would mimic that pirouette.
I remain still until a pigeon poops on my face
and I laugh
   because I also know how to laugh my head off.
The skin hears a poem and bristles with its chords.
Reading aloud scratches the back of the wind
and the train, which is coming now, makes the following line inaudible.

Poema dos

Para escribir el poema, hacen falta dos.
Nadie escribe la poesía y no hace falta nadie para que exista.
Para que existan estas líneas haces falta tú
y mi lengua que las traza sobre tu piel,
la pluma de saliva que deletrea tu nombre en el borde de tus labios
y tus labios como una pizarra en la que aprendo a ubicar los acentos.

Para leer el poema, haces falta tú
y tus ojos que lo escriben en el aire.
Tus ojos re-escritores, creadores de mundos posibles
e imposibles,
como ese mundo en que tú y yo somos una sola ballena gigante,
sumergida en un océano de luces, ebria de amor;
o casi imposibles,
como ese mundo en que caminamos por las calles de Nueva York
e ignoramos el frío del invierno, las luces de Times Square y las sirenas de emergencia;
o mundos que fueron posibles,
como ese mundo en que nos amamos sin un centavo en los bolsillos
y cantamos la canción de las vocales con que se escriben nuestros nombres.

Poem Two

It takes two to write a poem.
No one writes poetry and no one is needed for it to exist.
You are needed for these lines to exist
and my tongue that traces them on your skin,
the plume of saliva that spells out your name on the edge of your lips
and your lips like a slate on which I learn to place the accents.

To read the poem, you are needed
and your eyes that write it in the air.
Your re-writing eyes, creators of possible worlds,
and impossible ones,
like that world in which you and I are a single giant whale
submerged in an ocean of lights, drunk on love;
or almost impossible ones,
like that world in which we walk on the streets of New York
ignoring the winter cold, the lights of Times Square and the emergency sirens;
or worlds that were possible,
like that world in which we love each other without a penny in our pockets
and sing the song of the vowels with which our names are written.

La luz camina en el vacío con un mutismo religioso y arrogante
sabe que es imposible alcanzarla una vez que ha resuelto partir;
con la nariz levantada corre hacia ninguna parte en constante persecución de sí misma,
en ocasiones la masa de una estrella muerta la atrae hacia su ombligo de penumbra,
como el agua que corre hacia el fondo de un desagüe,
se pierde en busca de otro cielo
y aparece como el brillo en la pupila de mi amante,
con el ímpetu de la espina me confiesa la profundidad de la rosa
y el camino se inunda y favorece mi llegada.

Como el agua que corre hacia el fondo del desagüe
me pierdo en busca de otro cielo
con un mutismo religioso y arrogante.

The light walks through the void with an arrogant, religious silence
it knows that it's impossible to catch up with it once it has decided to depart;
with nose pointed upwards it runs to nowhere in constant pursuit of itself,
on occasion the mass of a dead star attracts it towards its dark core
like the water that runs towards the bottom of a drain,
it gets lost in search of another heaven
and appears as the gleam in my lover's eye,
with the impetus of the thorn it confesses the depth of the rose to me
and the path becomes flooded and favors my arrival.

Like the water that runs towards the bottom of the drain
I get lost in search of another heaven
with an arrogant, religious silence.

Nueva York a ras de tierra

La saliva de un hombre se convierte en granizo
y cae desde los rascacielos directo hacia mi cabeza.
¿Debo creer es una señal del cielo?
Quisiera escupir de vuelta y hacerle tragar su miseria.

Mis palabras son un viento frío que corta en las orejas.
Es mejor callarse y seguir el camino en busca de albergue.

Dormido en el autobús, sueño con una palabra convertida en flecha,
una pieza de hielo triangular capaz de cruzar el Atlántico,
una paloma de viento frío, y de agua, que llegue hasta mi casa
una imagen traslúcida que descienda sobre mi madre
y le deje saber que estoy vivo.

New York at Ground Level

A man's saliva turns into hail
and falls from the skyscrapers directly onto my head.
Should I consider it a sign from heaven?
I wish I could spit back and make him swallow his misery.

My words are a cold wind that cuts your ears.
It is better to remain silent and continue on one's way in search of shelter.

Asleep on the bus, I dream of a word turned into an arrow,
a triangular piece of ice capable of crossing the Atlantic,
a dove of cold wind, and of water, that comes to my house
a translucid image that descends upon my mother
and lets her know that I am alive.

¿Y si la que escupe es una chica?

No sé, pensaría que le he parecido atractivo
y quiere marcarme para verme pasar desde su oficina.

Creería que aguarda con un cigarrillo mentolado
junto a la ventana de cristal como una cortina de corazón y dientes,
una boca llena de saliva lista para saludarme,
una garganta dispuesta a escupirme sus ganas,
ilusiones solitarias, pasiones de alcoba, convulsiones,
unos pulmones que exhalan fuego desde el vientre.

Una mujer gigante o una enana subida en una butaca.
Una mujer que sale a la calle en busca de una cabeza escupida.

La neoyorquina solitaria que me ama desde las alturas,
la dueña de esta goma de chicle con aroma de pasión femenina.

If the One Who Spits Is a Girl?

I don't know, I would think she had found me attractive
and wants to mark me to see me as I pass by her office.

I would believe she awaits with a menthol cigarette
beside the glass window like a curtain of heart and teeth,
a mouth full of saliva ready to greet me,
a throat willing to spit her desires at me,
solitary illusions, bedroom passions, convulsions,
lungs that exhale fire from the womb.

A giant woman or a midget standing on a stool.
A woman who goes out on the street in search of a spit-upon head.

The solitary New York woman who loves me from the heights,
the owner of this piece of gum with the aroma of feminine passion.

Destino Manhattan (Manhattan bound)

Me dedico a los libros, es fácil parecer interesante.
La lectura disimula la imperfección de mi rostro;
en el metro, las gentes me miran como pidiendo auxilio:
sácame de este día monocromo, destruye esta película muda.
Una palabra tuya bastará para que salte de la silla
e inicie una recitación en mi lengua materna.

¡Préstame tu nombre, Carlos Aguasaco,
déjame ser esa voz que te dicta el poema!

Me niego a compartir mis momentos de lectura
y sus voces tratan de disimular el desencanto.

¡Márchate de aquí, Carlos Aguasaco,
y llévate ese libro que lees en silencio!

Me dedico a los libros, mi gorro me protege de sus palabras.
Hay una muralla de aire enrarecido entre nosotros.

En el tren, ocupo la silla en que dormía un vagabundo.
Junto a mí una nota escrita en urdu y mal traducida al español:
¡Regresa, Carlos Aguasaco, poeta que viaja en metro,
déjame ser esa chica que tuerce la cabeza y lee de tu libro
un poema que habla del invierno!

Destination Manhattan (Manhattan Bound)

I devote myself to books, it makes it easy to seem interesting.
Reading masks the imperfection of my face;
on the subway, people look at me as if asking for help:
get me out of this monochrome day, destroy this silent movie.
One word from you will be enough for me to jump out of my seat
and start to recite in my mother tongue.

Lend me your name, Carlos Aguasaco,
let me be the voice that dictates the poem to you!

I refuse to share my moments of reading
and their voices try to disguise their disenchantment.

Get out of here, Carlos Aguasaco,
and take that book you are reading in silence!

I devote myself to books, my hat protects me from their words.
There is a wall of rarefied air between us.

On the train, I occupy the seat a homeless slept in.
Beside me there is a note written in Urdu and badly translated into Spanish:
Come back, Carlos Aguasaco, poet who rides the subway,
let me be that girl who turns her head and reads from your book
a poem that speaks of winter!

Ventana

La ventana existe porque la observo, porque la creo,
porque en la oscuridad de los túneles del subway,
la ventana es un sarcasmo, prolongación de la oscuridad.
Ese gusano de plata, la ballena automática que se indigesta de hombres,
que se atraganta de lenguas, que se detiene a respirar,
que se convierte en rumiante, que traga, que mastica, que inhala,
que exhala, que no distingue entre razas, que pertenece al camino,
que parece haberse propuesto acabar con sus zapatos de hierro
y encontrar la luz en Queens al volver de Manhattan,
abre sus puertas y me deja entrar.

Una Babel acostada, rodante, peregrina, una Babel ambiciosa,
una torre que intenta alcanzar las entrañas del infierno,
me lleva en mi camino cada día hacia Harlem.

Renuncio a releer el periódico, a mordisquear un Best Seller,
a engullirme de Hip-Hop, a concentrarme en mi horario,
y creo la ventana, la dejo aparecer en el techo, la dejo ser
redonda, rasgada, arabesca, la dejo ser una ventana.

Luego, como una rata en el subway me interno, me extravío, me pierdo
en busca de luz, de agua, de una alcantarilla en Times Square
o de una oportunidad en Broadway.

La ventana existe porque la observo, porque la creo,
porque en la oscuridad de los túneles del subway,
la ventana es un sarcasmo, prolongación de la oscuridad.
El chiste magnífico que hace reír al idiota, al autista, al newyorkino,
al roedor que me habita desde que vine a esta isla.

Window

The window exists because I observe it, because I create it,
because in the darkness of the subway tunnels,
the window is pure sarcasm, a prolongation of the darkness.
That silver worm, the automatic whale that feeds on men,
that chokes on languages, that stops to breathe,
that turns into a ruminant that swallows, chews, inhales,
exhales, that doesn't distinguish between races, that is tied to the rails,
that seems determined to wear out its iron shoes
and to find light in Queens on returning from Manhattan,
opens its doors and lets me in.

A reclining, rolling, pilgrim Babel, an ambitious Babel,
a tower that strives to reach the entrails of hell,
takes me all the way to Harlem every day.

I refuse to reread the newspaper, to nibble on a best seller,
to gobble up Hip-Hop, to concentrate on my schedule,
and I create the window, I let it appear in the roof, I let it be
round, slanted, arabesque, I let it be a window.

Then, like a subway rat I move inward, I move outward, I get lost
in search of light, of water, of a sewer in Times Square
or an opportunity on Broadway.

The window exists because I observe it, because I create it,
because in the darkness of the subway tunnels,
the window is pure sarcasm, a prolongation of the darkness.
The magnificent joke that makes the idiot, the autistic person, the New Yorker, laugh.
The rodent that dwells in me since I came to this island.

Del Hudson al Delaware

Como dos venas abiertas en el pecho de la tierra
el Hudson y el Delaware fluyen del norte hacia el sur.
En su trasegar milenario han creado islas y separado montañas.
Con su paciencia infinita abrazan la tierra y arrastran escombros.
Con su aliento líquido humedecen el aire y ablandan la roca.
Con su voz taciturna se hacen coro en la distancia
          se replican uno al otro y se cantan
se animan uno al otro y se lloran sus desgracias.

Un día de febrero, día de aguas heladas, parecen detenerse por un instante
a meditar,
detenerse, sí
por un momento, a preguntarse en voz alta
a gritarse con todo su caudal, uno al otro:
¿Quién fabricó esos puentes?
¿Quién surcó los Apalaches en línea horizontal con una autopista interminable?
¿Quién construyó Manhattan a imagen y semejanza de una cordillera de arrogancia?
¿Quién baña sus huesos en nuestro lecho desde la Guerra Civil?
¿Quién lanzó la flecha e hirió al ciervo que huye y viene a morir en nuestras aguas?

From the Hudson to the Delaware

Like two open veins upon the bosom of the earth
the Hudson and the Delaware flow from north to south.
In their ageless decanting they've created islands and cut through mountains.
With their infinite patience they caress the earth and wash away the rubble.
With their liquid breath they moisten the air and soften the rock.
With their taciturn voice they form a chorus in the distance
        they reply to one another and they sing
they cheer each other up and weep over their sorrows.

On a day in February, a day of freezing waters, they seem to stop for an instant
to meditate,
to stop, yes,
for a moment, to ask in a loud voice,
to shout out with all their force, one to the other:
Who built those bridges?
Who traversed the Appalachians horizontally with an endless highway?
Who built Manhattan in the image and likeness of a mountain chain of arrogance?
Who has bathed their bones in our riverbed since the Civil War?
Who shot the arrow that wounded the deer that flees and comes to die in our waters?

El hombre de la trompeta rota

En una esquina de Penn Station sentado sobre un galón de pintura,
despreciado por el tosco equipo de mantenimiento,
un hombre llora a cántaros con su trompeta en las manos.

Los viajeros pasan y lo ignoran en su afán,
los mendigos pasan y lo esquivan con su propia angustia,
los turistas pasan y se toman fotos sin notar su presencia,
los soldados pasan y casi tocan su frente con el cañón de sus armas.

En la distancia lo veo acercarse la trompeta a los labios y soplar,
todos siguen su camino,

nadie calla . . .

The Man with the Broken Trumpet

On a corner of Penn Station, seated on an empty bucket of paint,
overlooked by the maintenance team,
a man sobs uncontrollably holding his trumpet in his hands.

The commuters pass by and ignore him in their rush,
the beggars pass by and ignore him with their own anguish,
the tourist pass by and take pictures of each other not noticing his presence,
the soldiers pass by and almost touch his forehead with their gun muzzles.

From far away, I watch him bring the trumpet to his lips, and blow,
everyone continues their own journey,
                                        no one listens . . .

Desde el centro del vagón

Camino al trabajo encuentro trozos de mi amigo entre los vagabundos del metro
los sin casa   los sin techo
los mendigos
            los que cantan *a capella*
            y los esquizofrénicos.

Algunos mantienen su cabello en la misma forma desordenada y aleve
otros llevan barbas húmedas   de licor
incluso, hay uno que tiene su mirada   de poeta simbolista
y su forma desafiante de caminar,
de lanzarse al mundo cada día como un caballero andante,
        un Quijote armado con bolsas plásticas
        y vasos desechables que apestan   a alcohol
                        o chorrean café.

Sigo mi camino en el centro del vagón y los veo,   en silencio,
no ha muerto mi amigo,   me repito entre dientes,
como quien tararea una canción que escucha en sus audífonos,
no ha muerto   se ha esparcido por el mundo como polen
y resucita cada día en este viaje   entre los vagabundos del metro
los sin casa   los sin techo
los mendigos
            los que cantan *a capella*
            y los esquizofrénicos...

From the Center of the Subway Car

On my way to work I find fragments of my friend among the subway drifters
the homeless   the roofless
the beggars

                the a cappella singers
                and the schizophrenic.

Some keep their hair in the same unorganized treacherous style
others keep their beards wet   with liquor
there is also one that has his symbolist   poet gaze
and his defiant walking style,
        his way of throwing himself to the world everyday like a knight-errand,
        like Don Quixote but armed with plastic bags
        and disposable cups stinking   of alcohol
                        or dripping coffee.

I continue my trip at the center of the subway car and I watch them,   in silence,
my friend has not passed,   I repeat to myself mumbling,
like he who hums a song with headphones on,
he has not died   he has spread out over the world like pollen
and resurrects every day during   my commute among the subway drifters
the homeless   the roofless
the beggars

                the a cappella singers
                and the schizophrenic . . .

Tren 1, Uptown

Subo al metro en Rector Street
justo debajo del World Trade Center
comprendo que la pestilencia que me abraza por la izquierda
es una bella mujer mórbida y obesa, triste y sola.
Como una fruta que ha caído del árbol sin refrescar una garganta
apesta
        sí
           y dice incoherencias
pero es bella en su miseria de harapos y grasa en el cabello.

No la miro a los ojos,   pero la observo en un reflejo,
la veo cruzar los brazos   y musitar una frase:
'Cause you are gonna get me fucked!

Sé que no habla conmigo y con el rabillo del ojo
recorro la esquina en que está sentada.
Comprendo entonces que no viaja sola,
comparte su jornada con un compañero invisible y apestoso
como una nube de mierda y orina evaporada.
¿Es el vagabundo del vagabundo? ¿El otro del otro?
Ese nadie de aire que nos acompaña a los viajeros del metro,
ese nadie de viento al que le confesamos nuestros secretos,
ese nadie invisible al que abrazamos en el aire,
cuando el metro se detiene en un túnel
y las luces se apagan
                  por un momento . . .

1 Train, Uptown

I enter the subway on Rector Street
right under the World Trade Center
I realize the pestilence that embraces me on my left
is a beautiful woman, morbid and obese, sad and alone.
Like a fruit that has fallen from a tree without touching any lips
she smells

              yes

                     and speaks incoherently
but she is beautiful in her misery of tatters and greasy hair.

I don't look her in the eyes,   but I watch her reflection,
I see her cross her arms   and mutter a phrase:
'Cause you are gonna get me fucked!

I know she's not talking to me, and from the corner of my eye
I scan the area where she's sitting.
I understand then that she does not travel alone,
she shares her journey with a pungent, invisible companion
like a cloud made of shit and evaporated urine.
Is it the vagabond of the vagabond? The other of the other?
That nobody of air that accompanies us subway travelers,
that nobody of wind to whom we confess our secrets,
that invisible nobody that we hold on to in the air,
when the train stops inside a tunnel
and the lights turn off

                          for a moment . . .

II

Diente de plomo
[Poemas en prosa sobre la narcoviolencia y el feminicidio en México]

Lead Tooth / Bullet-Shaped Tooth
[Prose Poems about Narcoviolence and Femicide in Mexico]

Si un día, en la esquina de tu calle, te alcanza la muerte como una bala perdida; si la muerte te atrapa por la espalda y te besa en la nuca con su diente de plomo; si la muerte te susurra que te ama y te pide yacer a su lado en medio de la acera, ¿pensarías en José de Espronceda?, ¿dirías que ese es su lugar y no el tuyo? Morir así entre el fuego cruzado del Narco y los Federales, morir así de gratis sin llegar a tu casa con el pan de la mañana, morir así como antes morían otros en tierras lejanas, morir así como una flor aplastada por un tanque de guerra —piensas—, no es justo. No es justo —repites— y sigues caminando.

If one of these days, on the corner of your street, death catches up to you like a stray bullet; if death grabs your back and kisses your nape with its leaden tooth; if death whispers that she loves you and asks you to lie with her in the middle of the sidewalk, would José de Espronceda come to mind? Would you say that it must be him and not you? To die this way in the crossfire of the Narcos and Feds, to die this way, for nothing, on your way home with a loaf of morning bread, to die this way just like others perished before in faraway lands, to die like a flower crushed by a battle tank—you think—it is not fair. It is not fair—you say again—and continue to walk.

Los chavos de la esquina ya no juegan pelota porque ahora son Narcos
Joaquín, Héctor, Miguel, Arturo y Alfredo hacen temblar de pánico a quienes escuchan sus nombres. Ya nadie se ríe del chaparro ese, el tal Joaquín Guzmán; sería una osadía, un acto temerario como el de Don Quijote y los leones.

¿Pudo alguien amarlos verdaderamente? —preguntas— *¿Acaso los amamantaron con veneno?* Tú eres un cuate diferente —te dijeron un día—, a ti te gustan los libros y estás enamorado de la maestra. No te enojes *güey*, si es por cariño que lo decimos, tienes que alejarte de nosotros *mano*, ahora mismo, pues ya pronto vendrá un *tsunami* de sangre como dicen los gringos. No queremos que te ahogues en esa ola gigantesca de billetes verdes y plomo incandescente. No te enojes *güey* si es por cariño que te golpeamos, pa' que agarres odio y nos dejes de hablar. No te enojes.

Pero no es odio lo que sientes sino una tristeza profunda y tibia, una pena violeta que te humedece la espalda y te envuelve. No pudiste esquivar el tsunami, la ola te lleva en su panza y allí vuelves a ver a tus cuates que cabalgan la marea como tiburones blancos con dientes de plomo.

The kids on the corner don't play ball anymore, 'cause now they're narcos.
Joaquín, Héctor, Miguel, Arturo, and Alfredo make people shudder when they hear
their names. No one laughs at that short guy anymore, the famous Joaquín Guzmán;
it'd be audacious, a reckless act like the scene between Don Quixote and the lions.

*—Has anyone truly loved them?—*you ask your self*—Or were they nursed with poison?*
You are just different—they told you once—, you like books and have a crush on the
teacher. Yo, don't get mad, we tell you this out of love, distance yourself from us bro,
right now, the *gringos* say a tsunami of blood will soon hit us. We don't want you to
drown in a giant wave of green bills and red-hot lead. Don't be mad bro, we hit you
out of love, so you can have a reason to hate us and keep your distance. Don't be mad.

But, hate does not come to your heart, rather a warm and deep sadness, a purple
sorrow that embraces you and dampens your back. You could not avoid the tsunami;
the wave carries you on its belly and there you see your pals again riding the tide like
white sharks bearing bullet-shaped teeth.

¿Por qué les arrancan la cabeza? ¿No sería más simple matarlos con un disparo certero en la sien? —Preguntas en voz alta con el diario entre las manos— Más tarde, con una taza de café en la mano, te vuelve la memoria de Joaquín el chaparro a quien veías jugar con muñecas. Tenía un desarmador rojo que parecía un puñal, pretendía ser doctor y estarlas operando. Fuiste tú el que un día le habló de los *cíborgs* y del libro ese *La isla del doctor Moreau* —recuerdas—, juntos inventaron el juego macabro de insertar cabezas de muñeca en troncos de animales. A Joaquín le gustaba tu compañía, lo hacía sentir menos solo en su miseria, en su megalomanía infantil exacerbada por el hambre.

No hagas más eso mano quisieras decirle, sales al patio a gritar. El aire enrarecido de mortecino te invade los pulmones como una llama. *No hagas más eso mano* quieres escribirle pero no sabes dónde está y sales a pintar un mensaje en la pared de la escuela. *NO HAGAS MÁS ESO MANO*, escribes con una brocha humedecida en sangre. *No hagas más eso mano*, llamas a la radio y lo repites una y otra vez como si pidieras una canción de moda. *No hagas más eso mano,* publicas en un anuncio clasificado en el diario. Insistes e insistes, pero hasta el día de hoy esperas la respuesta.

Why do they pull their heads off? Wouldn't it be easier just to shoot them in the temple?—You ask aloud while holding the newspaper in your hands—Later, with a cup of coffee in your hand, you recall Joaquín, the little boy that played with dolls. He had a red screwdriver that looked like a dagger, and pretended to operate on them like a doctor. It was you who one day spoke to him about cyborgs and the book *The Island of Doctor Moreau*—remember—, together you invented the macabre game of inserting the heads of dolls into the trunks on the animals. Joaquín enjoyed your company, it made him feel less alone in his misery, in his childhood megalomania exacerbated by hunger.

Don't do that anymore, brother, you wish you could tell him, you go to the yard to scream. The air, rarefied by death, invades your lungs like a flame. *Don't do that anymore, brother*, you want to write to him but you don't know where he is and you go out to paint a message on the wall of the school. *DON'T DO THAT ANYMORE, BROTHER*, you write with a bloody paintbrush. *Don't do that anymore, brother*, you call the radio and say it over and over again as if you were requesting a song. *Don't do that anymore, brother*, you publish in the classified section of the newspaper. You insist and insist, but today, you still wait for a response.

Las muertas de Juárez

[Poema compuesto con la lista real de los nombres de las víctimas de feminicidio reciente en Ciudad Juárez, México]

¿Qué sabes de Adriana, Aída, Alejandra, Alicia, Alma, Amalia, Amelia o Amparo? ¿Qué sabes de Ana, Apolonia, Araceli, Aracely con i griega o Bárbara? ¿Qué sabes de Bertha, Blanca, Brenda, Brisa, Carolina, Cecilia, Celia, Cynthia, Clara, Claudia o Dalia? ¿Qué sabes de Deisy, Domitila, Donna, Dora, Elba, Elena o Elsa? ¿Qué sabes de ellas, de alguna de ellas o de Elizabeth, Elodia, Elva con uve, Elvira, Emilia o Eréndida? ¿Qué sabes de ellas, de alguna de ellas, de sus muertes, de sus últimas palabras o de Erica, Erika con Ka, Esmeralda, Estefanía, Eugenia, Fabiola, Fátima, Flor o Francisca? ¿Qué sabes de ellas, de alguna de ellas, de sus muertes, de sus últimas palabras, de sus llamados de auxilio, del hilo de sangre con que llevaban el alma atada al cuerpo o de Gabriela, Gladys, Gloria, Graciela, Guadalupe, Guillermina, Hester con su hache invisible en el aire o de Hilda? ¿Qué sabes de ellas, de alguna de ellas, de sus sueños, de sus recuerdos, de su recuerdo, de sus lápidas o de Ignacia, Inés, Irene, Irma, Jacqueline, Jessica con doble ese y sin acento, Juana, Julia o Julieta? ¿Qué sabes ellas, que cualquiera de ellas, de los ojos que lloran su ausencia o de Karina, Laura, Leticia, Lilia, Liliana, Linda, Lorenza, Lourdes, Luz o Manuela? ¿Qué sabes de ellas, de la más joven de ellas, de sus manos juntas como en oración buscando la paz de la justicia o de Marcela, Margarita, María, María, María, María, cuarenta veces María? ¿Qué sabes de ellas, de alguna de ellas, de sus memorias, de sus sonrisas acalladas con violencia o de Maribel, Maritza, Martha, Mayra, Merced, Mireya, Miriam o Nancy? ¿Qué sabes de ellas, de la más baja de ellas, de sus zapatos con lodo, de su relicario de plata, de su mano entreabierta y levantada como para saludarte o de Nelly, Nora, Norma, Olga, Otilia o Paloma? ¿Qué sabes de ellas, de todas ellas, de la primera de ellas, de su sombra en la tierra, de su corazón roto tres veces y a la vez treces veces zurcido con llanto o de Patricia, Paula, Paulina, Perla, Petra o Raquel? ¿Qué sabes de ellas, de la segunda de ellas, de sus primeros pasos, de sus muñecas, de su espejo de azogue o de Reina, Rocío, Rosa, Rosa como en un coro de Rosas, Rosalba, Rosario o Sandra? ¿Qué sabes de ellas, de la más vieja de ellas, de sus primeras letras, de sus gastos, de sus deudas o de Silvia, Silvia y Silvia, Sofía, Soledad, Sonia, Susana o Teodora? ¿Qué sabes de ellas, de la más alta de ellas, de sus tortillas, de sus tacos, de su mole, de sus chiles rellenos o de Teresa, Teresita, Tomasa o Vanesa? ¿Qué sabes

The Dead Women of Juarez

[Poem Compiled with a List of the Real Names of the Victims of
Recent Femicide in the City of Juarez, Mexico]

What do you know about Adriana, Aída, Alejandra, Alicia, Alma, Amalia, Amelia, or Amparo? What do you know about Ana, Apolonia, Araceli, Aracely with a Y, or Bárbara? What do you know about Bertha, Blanca, Brenda, Brisa, Carolina, Cecilia, Celia, Cynthia, Clara, Claudia or Dalia? What do you know about Deisy, Domitila, Donna, Dora, Elba, Elena or Elsa? What do you know about them, about any of them, or about Elizabeth, Elodia, Elva with a V, Elvira, Emilia or Eréndida? What do you know about them, about any of them, about their deaths, their last words, or about Erica, Erika with a K, Esmeralda, Estefania, Eugenia, Fabiola, Fátima, Flor or Francisca? What do you know about them, about any of them, about their deaths, their last words, their cries for help, about the thread of blood that attached their souls to their bodies, or about Gabriela, Gladys, Gloria, Graciela, Guadalupe, Guillermina, Hester with her H suspended in the air, or about Hilda? What do you know about them, about any of them, about their dreams, about their memories, about the memory of them, about their tombstones, or about Ignacia, Inés, Irene, Irma, Jacqueline, Jessica with two S's and no accent, Juana, Julia or Julieta? What do you know about them, about any of them, about the eyes crying over their absence, or about Karina, Laura, Leticia, Lilia, Liliana, Linda, Lorenza, Lourdes, Luz or Manuela? What do you know about them, about the youngest of them, about their hands together in prayer searching for peace in justice, or about Marcela, Margarita, María, María, María, María, forty times María? What do you know about them, about any of them, about their memories, their laughter silenced by violence, or about Maribel, Maritza, Martha, Mayra, Merced, Mireya, Miriam or Nancy? What do you know about them, about the smallest of them, about her muddy shoes, about her silver locket, her half-open hand raised as if to say hello, or about Nelly, Nora, Norma, Olga, Otilia or Paloma? What do you know about them, about all of them, about the first of them, about her shadow on the earth, her thrice broken heart mended three times with tears, or about Patricia, Paula, Paulina, Perla, Petra or Raquel? What do you know about them, about the second of them, about her first steps, her dolls, her quicksilver mirror, or about Reina, Rocío, Rosa, Rosa like a chorus of Rosas, Rosalba, Rosario or Sandra? What do you know about them, about the eldest of them, about

de ellas, de la más solitaria de ellas, de su talismán, de su tatuaje, de su marca de nacimiento, de la cicatriz de un parto o de Verónica, Verónica la otra, la otra Verónica que no es Verónica, Victoria, Violeta, Virginia, Viridiana o Yésica? ¿Qué sabes de ellas, de la más alegre de ellas, de sus canciones, de sus polleras, de su cumpleaños, del día de su santo, de sus mañanitas o de Yolanda, Yolanda, Zenaida o Zulema? ¿Qué sabes de ellas —dime—, de todas ellas, de cualquiera de ellas, de sus dolientes, de sus amigos, de sus hermanos, de sus hijos, de su bautismo, de sus nombres o de la mujer sin nombre que ha muerto más de setenta veces, de la mujer sin nombre que —¡ay! ¡ay! ¡ay! ¡ay! ¡ay! ¡ay! ¡Dios mío!— sigue muriendo en **Juárez** sin que nadie haga o diga nada?

her first letters, about her expenses, her debts, or about Silvia, Silvia and Silvia, Sofía, Soledad, Sonia, Susana or Teodora? What do you know about them, about the tallest of them, about her tortillas, her tacos, her mole, her stuffed chilies, or about Teresa, Teresita, Tomasa or Vanesa? What do you know about them, about the quietest of them, about her talisman, her tattoo, her birthmark, the birth scar, or about Verónica, the other Verónica, the other Verónica who isn't Verónica, Victoria, Violeta, Virginia, Viridiana or Yésica? What do you know about them, about the happiest of them, about her songs, her skirts, her birthdays, her saint day, her mornings, or about Yolanda, Yolanda, Zenaida or Zulema? What do you know about them—tell me—, about all of them, about any of them, about their mourners, about their friends, their siblings, their children, their baptisms, their names, or about the woman without a name who has died over seventy times, about the nameless woman who oh! oh! oh! oh! oh! oh my God! keeps dying in **Juarez** while no one says or does anything?

¿Recuerdas al chico de las naranjas? El chaparrito ese al que le comprabas cuando detenías el coche en la esquina. Hoy he visto su fotografía en la tele. Dicen que anda prófugo de la justicia y hasta ofrecen recompensa. La justicia a veces me parece una parodia, un sainete como dicen en la escuela. Hasta los federales saben que cuando en la noche aúlla un lobo es porque el Chaparro ha perdido a un amigo, que si a la noche siguiente el toro brama es porque ya tomaron venganza, que cuando canta el gallo es porque ya pasó un cargamento, que si los buitres vuelan en espirales concéntricas es porque los perros del Chapo ya comieron y ahora ellos vienen por las sobras. ¿Recuerdas al chico de las naranjas? ¿Hablas su lenguaje de signos macabros y sangrientos?

Remember the boy with the oranges? The kid you used to buy from when you stopped the car on the corner. Today I saw his picture on TV. They're saying that he's a fugitive of the law and are even offering a reward. Sometimes the law seems like a parody, a farce like they say in school. Even the feds know that when a wolf howls in the night it's because the kid has lost a friend, that if during the following night a bull bellows, it's because vengeance was taken, that when a rooster sings it's because the load was already passed, that if the vultures fly in circles it's because el Chapo's dogs have already eaten and they want the scraps. Remember the boy with the oranges? Do you speak his language of morbid and bloody signs?

La primera masacre siempre te hace pensar en Herodes y su locura progresiva, en su megalomanía de constructor y asesino en serie. ¿Cómo puede alguien capaz de dirigir empresas tan grandes ser también un asesino despiadado?

Ya te pareces al Vlad Tepes —alguien le dice al Narco. Explícame quién es ese —responde el ZETA. ¿Acaso es un hijo ilegítimo de Pablo? ¿Será uno de esos pinches chicanos con ínfulas de Tintán? ¿Es uno de esos luchadores enmascarados que ya ahora están de moda? —Insiste el ZETA. No me digas que es un personaje de televisión por cable o una figurita de tiras cómicas. Vlad Tepes, Vlad Tepes —repite entre dientes— ya me quedó gustando el nombre, capaz que así le pongo al primer varón que me nazca con la nueva Miss Sinaloa.

La penúltima masacre hace que culpes a las víctimas. *Algo habrán hecho, algo debían, ya se lo tendrían merecido, esto les pasa por...* —dices— y piensas en cualquier cosa que tú no hagas. La última masacre, en la que muere tu hijo o tu hermano, te hace pensar en Herodes como el gran ZETA dando la orden y en Vlad Tepes como el infame asesino que beberá un vaso entero de su sangre para evitar que el alma en pena vuelva en las noches a despertarlo.

The first massacre always makes you think of Herod and his progressive madness, of his builder's and serial killer's megalomania. How can someone capable of running such large businesses also be a ruthless killer?

Now you sound like Vlad Tepes—someone says to the Narco. Explain to me who that is—responds the ZETA. Might he be Pablo's illegitimate son? Could he be one of those fucking Chicanos with airs of Tintán? Is he one of those masked wrestlers that are popular now?—The ZETA insists. Don't tell me that he's a character on cable TV or a comic book figure. Vlad Tepes, Vlad Tepes—he repeats between his teeth—I'm starting to like the name, I might even give that name to my first son with the new Miss Sinaloa.

The second-to-last massacre makes you blame the victims. *They could've done something, they should've, they probably deserve it, that's what they get for . . .*— you say—and you think about anything that you wouldn't do. The last massacre, the one where your son or your brother dies, makes you think of Herod like the great ZETA giving the order, and of Vlad Tepes like that infamous murderer who would drink an entire glass of his own blood in order to prevent his shameful soul from waking him up at night.

¿Puedes creer que la muerte tenga marca registrada?

Can you believe that death has a trademark?

Escoge bien tus armas. Si te metes al narco, y no te matan a la primera, puedes terminar con una pistola enchapada en plata, con esmeraldas incrustadas en la empuñadura, o una ametralladora bañada en oro de 24 quilates que te haga juego con los dientes cuando sonríes y la disparas. Escoge bien tus armas. Si te metes a poeta, y no te matan a la primera, puedes terminar con un libro de Pessoa anotado con tinta roja o una antología de Borges descuadernada y rota que te haga juego con el traje que vistes cuando enseñas en la secundaria. Escoge bien tus armas pues no se aceptan cambios.

Choose your weapons well. If you choose to be a drug lord, and they don't kill you right away, you can end up with a silver-plated pistol, the handle encrusted with emeralds, or with a 24-karat gold machine gun that'll match your teeth when you smile and shoot. Choose your weapons well. If you choose to be a poet, and they don't kill you right away, you can end up with a book by Pessoa marked up with red ink, or with a shabby, unbound anthology by Borges that'll match your outfit when you teach high school. Choose your weapons well, for exchanges are not allowed.

No lo vas a creer pero te digo que la encontré llorando. Estaba sentada en una banca del parque. Tenía las manos huesudas cubriéndole la calavera como si fuera un grabado de José Guadalupe Posada y lloraba como una recién nacida. Lloraba con un llanto tan tierno y doloroso que no resistí más y me senté a su lado para consolarla. *¿Qué te pasa pelona? ¿Se te escapó un cristiano?* —Le dije como para hacerla reír. Pero la parca tiznada seguía llorando, *güey*, sin consuelo. Entonces me entró lástima y levanté su guadaña para animarla a seguir chambeando. *Dale, sigue trabajando condenada flaca, no te desanimes* —le dije casi rogándole. La catrina huesuda comenzó a gemir y a berrear más desconsolada que nunca. *Ay ay ay no me puedo morir porque ya estoy muerta* —me decía y su llanto era de sangre tibia y morada. *¿Por qué lloras chingada, dime, acaso el Narco no te está ayudando en el trabajo? ¿Acaso no andas en bonanza recogiendo almas para el purgatorio?* —le grité un poco enfadado con ella. *No es eso lo que me tiene así* —me dijo desde su calavera vacía— *son las pinches balas perdidas que van por ahí matando niños, mujeres embarazadas, obreros inocentes y hasta perros. Son las granadas, las bombas y los morteros que no discriminan. Esto ya parece el apocalipsis.* Ya te digo que con esos argumentos no tuve nada más que decir y me senté a llorar con ella.

You won't believe it but I'm telling you that I found her in tears. She was sitting on a park bench. Her bony hands covered her skull like a José Guadalupe Posada print and she cried like a newborn baby. Her sobbing was so tender and painful that I could not resist and I sat beside her to console her. *What's wrong, Death? Did a Christian slip away from you?*—I said to make her laugh. But the reaper kept crying, man, with no consolation. So, I felt bad and I lifted her scythe to encourage her to get back to work. *Go on, keep working, don't get discouraged*—I said, practically begging. The skeleton lady began to bawl and moan more wretchedly than before. *Oh, I cannot die because I am already dead*—she said, her weeping bloody, warm, and purple. *Why the hell are you crying, tell me, are the Narcos not helping you do your job? Are you not going around gathering souls for purgatory?*—I shouted, a bit annoyed with her. *That is not why I am like this*—she said from inside her empty skull—*it's the fucking stray bullets that are going around killing children, pregnant women, innocent workers, and even dogs. It's the grenades, the bombs, and the mortars that do not discriminate. This is starting to look like the apocalypse.* I'm telling you that after listening to those arguments, I had nothing left to say and I sat and cried with her.

Todos los días se pierden amigos. Algunos se marchan al norte y se los traga el desierto. Otros pierden la cabeza en una masacre. Muchos más caen en el fuego cruzado del Narco y los Federales. Otros son Narcos o Federales y mueren en su ley. Tratamos de enterrarlos a todos, queremos darles cristiana sepultura y les rezamos dos rosarios por la paz de su alma a cada uno, para que haya justicia e igualdad después de la muerte. Los más jóvenes, los que están en Facebook, siguen vivos en el internet que no tiene lápidas. Mi muro ya parece una casa repleta de fantasmas. Algunos de mis amigos, los que siguen vivos por fuera de la red, me abandonan cuando saben que les sigo hablando a mis muertos. Les molesta que les escriba notas en sus cumpleaños o que les hable de mis problemas. *Ya deja en paz a los muertos* —me dicen y luego me borran de su lista. Todos los días se pierden amigos, pero hay muchos que nunca me abandonarán pues soy yo quien los mantiene vivos en el universo virtual de mi memoria.

Friends are lost every day. Some of them march north and the desert swallows them whole. Others lose their heads in a massacre. Many more of them are caught in the crossfire between the Narcos and the Feds. Others are Narcos or Feds and die by their own law. We try to bury them all, we want to give them Christian burials and we pray the rosary twice for each of their souls to find peace, so that there will be justice and equality after death. The younger ones, the ones on Facebook, remain alive on the internet without tombstones. My wall looks like a house rife with ghosts. Some of my friends, the ones still alive offline, abandon me when they find out that I still talk to my dead. It bothers them that I still send them birthday wishes, or that I talk to them about my problems. *Leave the dead in peace already*—they tell me before removing me from their friends list. Friends are lost every day, but there are plenty who won't leave me because it is I who keeps them alive in the virtual universe of my memory.

¿Te gustan los narcocorridos? ¿Sabes bailar con una copa de mezcal en una mano y una pistola en la otra?

Do you like drug ballads? Can you dance with a glass of mescal in one hand and a gun in the other?

¿Conoces la historia de Romeo ZETA y Julieta SINALOA? Dicen que todo comenzó cuando unos se mordieron los pulgares en presencia de los otros. Así nada más, una tontería. Luego los muchachos se conocen en un jaripeo y ahí viene el resto, el chamán, la muerte del *nagual*, la quema de *alebrijes* y la balacera. Es una obra literaria que no se compuso con sonetos sino con corridos movidos y discretos. No hay escena del balcón, ni Mercutio, ni Benvolio. Hay, no obstante, una mujer celosa llamada Rosalina que termina la historia. Ella pone el punto final con una bala de plata que hizo correr la sangre desde el pecho del novio hasta el desagüe donde por fin se encontró con la de su amada muerta. Este es nuestro Siglo de Oro —te digo—, nuestra violencia es más real que todas las precedentes. Este es el momento más alto de la épica capitalista; este es nuestro Siglo de Oro, no lo dudes.

Do you know the story of Romeo ZETA and Juliet SINALOA? They say it all started when some of them bit their thumbs in front of the others. Just that, nonsense. Then, the kids meet at a rodeo and the rest is history, the shaman, the death of the sorcerer, the burning of *alebrijes*, and the shootout. It is a work of literature not composed of sonnets, but of desperate and discrete ballads. There is no balcony scene, nor Mercutio, nor Benvolio. There is, however, a jealous woman named Rosalina that ends the tale. She puts the final stop to it with a silver bullet that made the man's blood run from his chest to the drain where it finally met that of his dead beloved's. This is our Golden Age—let me tell you—, our violence is more real than ever before. This is the peak of the capitalist epic; this is our Golden Age, do not doubt it.

¿Ya te volviste a morir Joaquín? ¿Se te volvió costumbre irte muriendo a cada rato? ¿Cómo puedes morirte así no más, en cualquier balacera y sin previo aviso? Ahí en la prensa dicen que te moriste, que te mataron, que andas bailando con la pelona y hasta se ríen. Hoy te moriste en Guatemala bajo un árbol de naranjas quizá pensando en García Lorca. Ayer te dieron de baja en un casino cuando ya ibas ganando en las apuestas y pensabas en enviarle unas flores al tal Dostoyevsky ese que te dio la idea. El mes pasado te moriste de amor en un balneario, esa muerte fue bella —dicen— ¿Es cierto que los verdugos dejaron que leyeras en voz alta un poema de Gorostiza como tu última voluntad? Ya antes te habían matado en la prisión y esa muerte sí que fue triste porque en lugar de una manta te cubrieron con un silencio helado y dejaron que te desangraras en mitad del patio número cinco. De niño ya te aplastó un camión lleno de naranjas ¿recuerdas? Esa vez te moriste llorando porque sabías que tu familia pasaría hambre en tu ausencia. Déjalo ya Joaquín, deja esa costumbre de andarte muriendo con tanta inconstancia.

Did you go and die again, Joaquín? Did it become a habit to die over and over again? How can you die just like that, in any shooting, without prior notice? In the news they say that you died, that you were killed, that you're dancing with Death, and they even laugh. Today you died in Guatemala under an orange tree, perhaps thinking about García Lorca. Yesterday they shot you in a casino when you were winning the bets and you thought about sending flowers to Dostoyevsky, the one who gave you the idea. Last month you died of love at a beach resort, that was a beautiful death—they say—Is it true that the executioners let you read aloud a poem by Gorostiza as your final wish? And before, they had killed you in prison and that was a sad death because instead of using a blanket they covered you with a cold silence and let you bleed out in the middle of yard number five. When you were a kid a truck full of oranges crushed you, remember? That time you cried yourself to death because you knew that your family would starve without you. Stop it Joaquín, stop your habit of dying so suddenly.

La llaman narcopoética pero no es poesía narcótica sino una adaptación latinoamericana del *Dasein* del que hablaba Heidegger. Sí, *Dasein*, ser ahí (→ ☠) fíjate, donde apunta la flecha en el mundo. Una forma de vida compartida por un grupo de personas que se realiza en el devenir. ¿Muy filosófico? En otras palabras mano, le damos la cara a los límites y nos olvidamos del tiempo y el espacio. ¿Todavía muy filosófico? Entonces piensa que comenzamos a convivir con la muerte como si fuera nuestra vecina o compañera de trabajo, imagina que todos los juegos infantiles se reducen a la *ruleta rusa* y se juega a diario entre comidas. Todos los días son *el día de los muertos* o *el día de los más muertos*. Piensa que desaparecen las distancias físicas y temporales, y como no llegaremos a viejos pues no vemos ninguna consecuencia en los excesos. Nadie piensa en el retiro ni el ahorro sino en dientes de oro, autos de lujo y concursos de belleza. Imagina a un pueblo entero que se reúne a jugar al *rey de la cima* en una roca de un río torrentoso pero en lugar de empujones se derriban unos a otros con balazos. Imagina ese río de sangre y carnes podridas que se extiende hacia la costa igual que en la *Masacre de Cholula* o en la *Noche Triste*.

They call it narcopoetics but it isn't narcotic poetry, it is a Latin American adaptation of the *Dasein* that Heidegger talked about. Yes, *Dasein*, to be there (→ ☠) look, what the arrow points to in the world. A way of life shared by a group of people that is realized through change. Too philosophical? In other words, brother, we face our limits and forget about time and space. Still too philosophical? Then think about our potential coexistence with death as if she were our neighbor or coworker, imagine that every children's game was reduced to *Russian Roulette* and it was played every day between meals. Every day is the *day of the dead* or the *day of the most dead*. Think about time and space, distances disappearing, and since we won't live to be old, we don't see the consequences of excess. No one thinks about retirement or savings, but about gold teeth, luxury cars, and beauty pageants. Imagine an entire town that meets on a rock in a torrential river to play *king of the hill* but rather than push each other, they knock each other down with bullets. Imagine that river of blood and rotten flesh that reaches the coast just like the one in the *Cholula Massacre* or *The Night of Sorrows*.

III

En el bastidor del mundo

On the Earth's Canvas

En el bastidor del mundo

1.

      En el bastidor del mundo
el ojo pinta con la luz,
saca de los sesos la imagen que sueña y la aplica sobre la realidad.
El pintor de cuencas vacías,
se hace un ojo de madera con pestañas de gato
y retrata con el tacto sobre la tela inerme.
El pincel expugna el lienzo de su luz y lo convierte en idea,
el ciego es ya el bastidor de su obra que ahora lo abarca y lo domina.

2.

      En el bastidor del mundo
el pintor está cojo, ha borrado su pierna
y con su pierna invisible se arrastra por los campos de trigo.
El pintor está sordo, ha cortado su oreja
y con su oreja amputada se embriaga de silencio y trementina.
Celoso de su obra, el pintor se auto retrata en un espejo
y ese espejo cóncavo, como sus cuencas, lo deforma en Gargantúa
y lo obliga a sonreír.
¿Quién es esa? —la infanta sin piernas que flota en el cuadro—
¿Un enano con cabeza de cartón piedra?

3.

      En el bastidor del mundo
el pintor siente hambre y se dedica a retratar el universo obeso
de sus carencias.
Obispos como chanchos, caballos elefante, el pintor es un gato
y se arranca los pelos de la cola.
El pintor es saltimbanqui y se une a la farándula
con su pipa de óleo hace trucos de equilibrio en una lata de sopa.
Desnuda, la mujer roja y amarilla baja la escalera como si ensayara una escena.
El pintor se ha hecho fauno y practica su papel de sátiro sordo.

On the Earth's Canvas

1.

       On the earth's canvas
the eye paints with light,
extracting from its brain the image it dreams of and applies it onto reality.
The painter with his empty sockets
gives himself a wooden eye with cat-like eyelashes
and photographs the defenseless fabric with his touch.
The paintbrush takes the canvas from his light and creates an idea,
the blind man is his art's canvas holding and leading him now.

2.

       On the earth's canvas
the painter limps, he has erased his leg
and with his invisible leg he drags himself through the wheat fields.
The painter is deaf, he has cut off his ear
and with his amputated ear he imbibes himself with silence and turpentine.
Envious of his art, the painter photographs himself in the mirror
and that hollow mirror, like his eye sockets, deforms him like Gargantua
and forces him to smile.
Who is that?—the legless princess floating in the frame—
A dwarf with a head made of papier-mâché?

3.

       On the earth's canvas
the painter is hungry and concentrates on painting an enormous universe
from his need.
Bishops like pigs, elephant horses, the painter is a cat
and pulls out the hairs from his tail.
The painter is an acrobat and joins the show business
with his oil pipe he performs balancing acts on a soup can.
Naked, the red and yellow woman comes down the stairs as if rehearsing a scene.
The painter has become a faun and rehearses his role of deaf satyr.

tiembla de frío en las estepas
pero en ellas se adentra para enterrar su pierna.

4.
       En el bastidor del mundo
el pintor da la espalda y narra una historia color ocre sobre paredes de mármol,
a solas, su mujer se pinta hacia adentro un dolor inmenso de caderas rotas,
la pintora pinta su dolor de hierro
y un banquero ríe desde lo profundo de sus bolsillos.

5.
       En el bastidor del mundo
el pintor lee a Huidobro y se convierte en un pequeño dios
que devora a su hijo como un dulce de feria.
El joven levanta los brazos y espera que le disparen
¿Quién se lo tragará primero?
¿El anciano dientes de ajo o sus hermanos dientes de plomo?
Ay, su dientecito de plomo, su dientecito aplomado
canta el amigo del pintor, quizá su amante,
y persiste en su memoria como un reloj de queso derretido
como el ojo atravesado por la navaja o el huevo frito del desayuno.
Ay, su dientecito de plomo, su dientecito aplomado.
Mirad cómo pintan y pintan, mirad cómo están pintando
los ojos pintan con luz,
los ciegos con pelos de gato.

he shivers on the steppes
but sinks into them and buries his leg.

4.

      On the earth's canvas
the painter turns his back and tells an ochre-colored story on the marble walls,
alone, his lady paints the great pain of broken hips inside herself,
the painter paints her iron pain
and a banker laughs from the depths of his pockets.

5.

      On the earth's canvas
the painter reads Huidobro and becomes a small god
that devours his child like a carnival treat.
The child raises his arms and waits to be shot.
Who will swallow him first?
The old man with his teeth of garlic or his brothers with their teeth of lead?
Oh, his little lead tooth, his little leaden tooth
sings the painter's friend, perhaps his lover,
and goes on with his memory like a clock made of melted cheese
like the eye crossed by the razor or the fried egg from breakfast.
Oh, his little lead tooth, his little leaden tooth.
Look how they paint and paint, look how they're painting
the eyes paint with light,
the blind with cat hair.

IV

Mil noches y una noche

A Thousand Nights and One Night

Mil noches y una noche

1.
Si ayer te elegí como coraza para librarme de mis enemigos
hoy eres la lanza y el acero con el que me atraviesan.
Ignoras la cortesía del verdugo
y vienes a mi encuentro sin afilar el hacha.

2.
Si ayer me diste muerte entre tus carnes
hoy me das la vida al alejarte.
Vas, lejos de mí y en ti, perpendicular a mis ojos
con las manos sobre los párpados que no se cierran.

3.
Si ayer bebí a voluntad del anís de tu garganta
hoy estoy harto con mi sed, mi hambruna.
Tu piel ha manchado mis labios con un aroma indeleble
mi espina ha marcado tu espada en un gemido, en dos, en tres, en cuatro
libérate, salva tu alma de esta tiranía.

4.
Cuerpos siempre hallarás en el camino
pero nunca hallarás más alma que tu alma.
Oh, ¡Qué bello es el perdón del más fuerte!
Libérate, salva tu alma de esta enfermedad.
Las muertes, casi todas son buenas
pero nunca hallarás más alma que tu alma.

5.
¡Qué tu voz se acuerde del nombre que me diste en otro tiempo
y me hable al fin en la tumba!
¡Qué tu oreja escuche el regocijo de mis huesos
y celebre con ellos la ausencia de mis carnes!

A Thousand Nights and One Night

1.
If yesterday I chose you as my armor to save me from my enemies
today you are the spear and steel with which they pierce me.
You ignore the courtesy of the executioner
and come to me without sharpening your ax.

2.
If yesterday you gave me death between your flesh
today you give me life as you leave.
You go, far away from me and inside you, perpendicular to my eyes
with your hands on the eyelids that do not close.

3.
If yesterday I drank willingly from the anise in your throat
today I am thirsty, famished.
Your skin has stained my lips with an indelible aroma
my spine has marked your sword in one moan, in two, in three, in four
free yourself, save your soul from this tyranny.

4.
You will always find bodies along the way
but you will never find a soul but yours.
Oh, how beautiful is the forgiveness of the strong!
Free yourself, save your soul from this sickness.
Almost all deaths are good ones
but you will never find a soul but yours.

5.
I hope your voice remembers the name that you gave me long ago
and finally speaks to me from the grave!
I hope your ear listens to the joy of my bones
and celebrates with them the absence of my flesh!

En el insomnio constante de mis cuencas sin párpados
entrégame el abrazo de tu sombra, como la noche
déjame el consuelo de tu voz hecha toda de silencios
de nuestra lengua enmudecida por los años
el frío de la daga en la garganta que nos hiere
y nos libera.
¡Qué tu oreja se acuerde del nombre que te di en otro tiempo
y me escuche al fin desde la fosa!

6.
¿Quieres probar la amargura, la prosa del mundo?
Vive entonces por los otros y en ellos
deja tu pecho desprovisto de cercas y abre los labios en flor
ya verás que te traicionan.

7.
¿Quieres beber el vinagre de mi alma, su traición?
Como la serpiente, ven a la necedad de mis brazos,
al viento de la flauta, sorda para todos
muda y sola.

8.
¿Quieres conocer las mieles del olvido, la distancia?
Únete a mí como un disco en mi espina
salta de mí como saliva envenenada
y borra mis labios de tu pecho, silencia mi canción en tu oreja
no me mires, no me veas, sigue sin detenerte.

In the endless insomnia of my socket sans eyelids
gift me with the embrace of your shadow, like the night
leave me the comfort of your voice made entirely of silence
of our tongue hushed by the passing of time
the cold of the dagger in the throat that harms us
and liberates us.
I hope your ear remembers the name that I gave you long ago
and finally listens to me from the grave!

6.
Do you want to taste bitterness, the prose of the world?
Then live for others and in them
leave your chest devoid of barriers and open your lips in bloom
you'll soon see their betrayal.

7.
Do you want to drink the vinegar of my soul, its betrayal?
Like the serpent, come to the foolishness of my arms,
to the wind of the flute, deaf for all
mute and alone.

8.
Do you want to know the honeys of oblivion, the distance?
Join me like a disc in my spine
bounce off of me like poisoned saliva
and erase my lips from your chest, silence my song in your ear
do not look at me, do not see me, go on and do not stop.

V

Cara y cruz

Heads and Tails

Mi madre

1.
Mi madre,
ya vieja, con el paso del tiempo,
     se vuelve así, toda,
como una ciruela seca,
en la mano.
Pasa la vida en recordar,
     en corregir recuerdos.

2.
Mi madre,
vive colgada al péndulo implacable
y se aferra al aliento de cada día
en la rutina de palparse el pecho
como un globo de carne
que al garete se desinfla o despide.

3.
Mi madre,
harta de buscar mi rostro en el álbum,
en el collage de los artistas y
la juventud sin prisa
se entrega al prisma del tiempo y la sombra
como una semilla invertida y seca
lista para ser polvo
hecha toda de polvo
puesta a la sombra por la mano asesina
por la piedra circular
que gira, bajo el molino del tiempo.

My Mother

1.
My mother,
old now, with the passage of time,
　　　she transforms, all of her,
like a dry prune,
in my hand.
She spends her life remembering,
　　　fixing her memories.

2.
My mother,
lives hanging on the implacable pendulum
and clings to the breath of every day
habitually feeling her chest
like a balloon of flesh
that aimlessly deflates or departs.

3.
My mother,
tired of looking for my face in the photo album,
in the artists' collage and
unhurried youth
gives herself to the prism of time and the darkness
like a dry, upturned seed
ready to become dust
made completely of dust
put into the darkness by the murderous hand
by the circular rock
that spins, under the mill of time.

Vamos a parir este olvido, la distancia, el desencanto
y con las manos juntas como una jarra vacía
lo llevaremos del vientre hasta la boca para besarlo en la frente.

Vamos a parir este olvido, la distancia, el desencuentro
como quien se arranca una punta de lanza del costado
como quien se refresca los labios con vinagre
como quien bendice a quien viene a ejecutarlo.

Vamos a parir este olvido, no te desanimes
pues tu brazo y tu pie son todo lo que te queda
y dos palabras juntas como una oración, como una burla
este olvido
este olvido
te repites y te cantas, te gritas y te quejas
mientras como un niño perdido lloras en el mercado
sosteniendo una cebolla y la besas entre el llanto.

Vamos a parir este olvido, la distancia, el desamor
como quien abandona a un hijo para no verlo morir de hambre
como quien se amputa una oreja y la olvida en su almohada
como quien puja a solas sin pedir clemencia
este olvido
este olvido
musitas entre dientes, a veces en un autobús
a veces mientras abrazas el objeto de tus angustias
a veces solo en un café
en tu cuarto
en la tina
como un delfín de agua dulce desterrado hacia el mar
siempre en el delta del llanto

Let us give birth to oblivion, distance, disappointment
and with our hands together like an empty jar
we will take it from the womb to the mouth and kiss it on the forehead.

Let us give birth to oblivion, distance, disagreement
like someone pulling out a spearhead from their side
like someone cooling their lips with vinegar
like someone blessing he who comes to kill them.

Let us give birth to oblivion, do not get discouraged
for your arm and your foot are all you have left
and two words together like a prayer, like a joke
this oblivion
this oblivion
you repeat and sing, cry and complain
as you sob in the market like a lost boy
holding an onion and kissing it between your tears.

Let us give birth to oblivion, distance, coldness
like someone who abandons their child so they won't watch them starve to death
like someone who cuts off their ear and forgets it on their pillow
like someone who struggles alone without asking for mercy
this oblivion
this oblivion
you mumble between your teeth, sometimes on the bus
sometimes as you hold onto the source of your anguish
sometimes alone in a café
in your bedroom
in the bathtub
like a freshwater dolphin banished to the sea
forever in a delta of tears

atragantado de sal.
Vamos a parir este olvido,
pero ya no te quejes.

asphyxiated by the salt.
Let us give birth to oblivion,
but stop your complaining.

Palabras, seres de aire, en el aire disueltas,
si como a una cometa pudiera mantenerlas atadas a mi mano
y caminar por las calles como un niña con su globo de helio
feliz sería mi presencia entre la multitud que camina.
Palabras, batir de alas que el aire enturbia,
aves de viento incubadas en la garganta,
si después de echarse a volar volvieran sobre mí
como un beso distante de mi propia lengua
tibia estaría mi piel a cada instante.
Si mis palabras viajeras llegaran a tu oreja y allí se alojaran
como una brizna de polvo en el caracol de tus días
algo de mí habría entrado en ti por algún tiempo
algo de mí se habría incubado en ti
algo de mí, sin temores, ya sería tuyo,
todo de mí ya sería tuyo,
todo de mí ya sería tuyo,
¡no lo dudes!

Words, beings of air, dissolved in the air,
as if I could keep them attached to my hand like a kite
and walk the streets like a little girl with her helium balloon
I would be happy among the crowds.
Words, flapping wings that cloud the air,
birds of wind hatched in the throat,
if after flying away they'd return to me
like a distant kiss from my own tongue
my skin would be warm at every moment.
If my wandering words would reach your ear and stay there
like a sprinkle of dust in the seashell of your days
a part of me would have been inside you for a while now
a part of me would have been reared inside you
a part of me, fearless, would already be yours,
all of me would already be yours,
all of me would already be yours,
Do not doubt it!

Si te digo que más allá de la carne
y la humedad que me ofreces para refrescarme la garganta
hay una bruma comestible en que las palabras sobran;
si te digo que después de mirar
hacia adentro encontré un enano con piel de tigre
en medio de una danza obscena;
pensarías que me hago vieja y que el ron me ha destruido las neuronas.
Preferirás que vuelva a refugiarme en ti como un oso en su cueva.
Como el socavón de una mina me ofreces una veta de placer
para que la explote con mi pico helado e imbatible.
Más allá de las sales de tu cuerpo
mi pico se reduce a un recuerdo flácido y atrofiado,
como el lóbulo de la oreja
no tiene más función que balancearse entre las piernas
péndulo, rollo de carne, nariz del vientre.
Pero, déjame informarte, aunque no lo creas hasta la carne se cansa;
incluso, si la alejas del agua y la dejas a solas por el tiempo necesario,
intenta descomponerse y al primer descuido amenaza en convertirse en un puñado de moscas
de ojos inmensos y alas tenues.
Un panal de porquería entre las piernas, cientos de vergas voladoras
que viajan de tu pozo a otro pozo en procesión interminable.

If I tell you that beyond the flesh
and the humidity you offer to refresh my throat
there is an edible mist in which words flow;
if I tell you that after looking
inward, I found a tiger-skinned dwarf
in the middle of a crude dance;
you would think that I'm becoming an old lady
and that the rum has destroyed my neurons.
You would prefer that I find refuge in you again like a bear in its cave.
Like the tunnel of a mine you offer me a seam of pleasure
so that I'll explode it with my frozen and invincible mouth.
Beyond the taste of your body
my mouth shrinks to a flaccid and atrophied memory,
like an earlobe
with no other function than to balance itself between the legs
pendulum, roll of meat, nose of the womb.
However, allow me to inform you, even if you don't believe it, the flesh withers;
moreover, if you separate it from water and leave it alone for some time,
it will attempt to rot and threaten to become a fistful of flies
with huge eyes and faint wings.
A honeycomb of garbage between the legs, hundreds of flying dicks
that fly from your well into another in endless procession.

Fábula de la princesa y el zorro

[Quizá Sor Juana se equivocó esperando del poder más de lo que éste podía
dar. [. . .] Cervantes sólo tenía sus méritos y, entre los mayores, sus sacrificios. [. . .]
A diferencia de Cervantes, que prodigó las súplicas al conde de Lemos en vano, Sor
Juana fue protegida desde muy joven por el poder colonial.]
—*Julio Ortega*
"Cervantes y Sor Juana: la hipótesis del Barroco"

Tú que conoces el poder, sabes que a mi lado no hay sombra
junto a mí el sol da en la cara y la piel se oscurece, alcanza el tono del alma
(sólo si ella existe).

Tú que sabes de choznos, condestables e infantes
de sus costumbres y el calor de sus almohadas
de su piel cubierta con otra piel y de sus cimeras de plumas
ni en un lustro llegarías a acostúmbrate a este lecho de piedra
a la intemperie de este abrazo
a la tiniebla de estos ojos.
Tú que crees en la sustancia y buscas un lugar natural para su reposo
sabes que mi naturaleza es la movilidad, la astucia, el remedo cobarde, la tristeza, el engaño,
pero no la huida.
Yo, hijo de mis obras, prefiero el frío de la roca y la oscuridad de la noche.
La zozobra del arpón, o la daga, que un día pasarán por mi garganta, no me espanta
pues a los ojos del cazador vencido estoy desde mi nacimiento.

Mías son las praderas y las cumbres acantiladas,
por el instante en que las piso, me pertenecen.
Tuyas son la hileras de piedra, las techumbres, sus antorchas
y el brazo del esclavo que las sostiene en alto para que puedas leer
tuya es la pluma del ave y su carúncula sangrienta,
la carta que llega de Italia.
Tuya es entonces la partida y mía es la marcha.
Tuyo es el escudo de piedra cubierto de hiedra
y tuyo es el nombre que desde la torre alguien grita.

Fable of the Princess and the Fox

[Perhaps Sor Juana made a mistake expecting more from power than it could grant
her. [. . .] Cervantes only had his merits and, more importantly, his sacrifices. [. . .]
Differently than with Cervantes, who squandered the entreaties to the Count of Lemos
in vain, Sor Juana was protected by the colonial powers since her youth.]

—*Julio Ortega*
"Cervantes y Sor Juana: la hipótesis del Barroco"

You who knows power, knows that there is no shadow beside me
next to me, the sun hits the face and the skin darkens, it reaches the tone of the soul
(only if it exists).

You who knows of great-great-great-grandchildren, constables, and infants
of their customs and the warmth of their pillows
of their skin covered with other skin and of their feathered helms
not even in five years would you grow accustomed to this bed of stones
to the weathering of this embrace
                                        to the darkness of these eyes.
You who believes in substance and looks for a natural place to rest
know that my nature is mobility, cleverness, cowardly imitation, sadness, deceit,
                        but not escape.
I, son of my work, prefer the cold of the rock and the darkness of the night.
The angst of the harpoon, or the dagger, that will one day penetrate my throat, does not frighten
me for I have been in the eyes of the vanquished hunter since I was born.

Mine are the meadows and the steep summits,
as soon as I step on them, they belong to me.
Yours are the rows of stone, the roofs, the torches
and the arm of the slave that holds them up high so you can read
yours is the bird's feather and its bloody caruncle,
                                        the letter that arrives from Italy.
Then yours is the departure and mine is the march.
Yours is the stone shield covered in ivy
and yours is the name yelled from the tower.

Y mientras te alejas, musito: ¿Quién te dijo que eras libre?
¡Corre hacia él y besa el *palio* que mañana será mortaja!

And as you move farther, I mutter: Who told you that you were free?
Run to him and kiss the cloak that will be a shroud tomorrow!

Palabras para un capítulo extra en Don Quijote [LXXV]

> Ya soy enemigo de Amadís de Gaula y de toda la infinita caterva de su linaje; ya
> me son odiosas todas las historias profanas de la andante caballería; ya conozco mi
> necedad y el peligro en que me pusieron haberlas leído; ya, por misericordia de Dios,
> escarmentado en cabeza propia, las abomino.
>
> (Don Quijote)

Aunque de todo mi seso se han extinguido las ínfulas de caballero andante
aunque el aire reposa sin el peso de mi espada y los campos añoran el galope de mi rocín
y ya la forma de mi cuerpo se ha desvanecido de la hierba que me dio abrigo
sé que mi nombre anda impreso por las Indias y los conquistadores lo enseñan a cada pueblo
que derrotan, o acribillan.
Todo en mi vida es una contradicción y una sucesión infinita de desencantos
y los hechizos se han hecho ineficaces por la fuerza de la razón.
A pesar de ello, admito que me gusta tu rostro desdentado
me seduce tu espalda contrahecha
y me ruborizan tu nariz chata y tus viruelas, Aldonza Lorenzo.
A solas sueño con tu cintura de tonel y con tus brazos de gigante levantando un hacha
me veo junto a ti por los caminos correteando ovejas
tarareando las canciones del Caballero de la Blanca Luna.
Sueño con un niño rechoncho que crece en tu vientre,
un crío de manos anchas que me llama padre.
Los tres viviremos en una pequeña estancia en la mitad de esta tierra árida y sin nubes.
Afuera, el niño jugará con mi adarga y tratará de montar a Rocinante saltando desde un árbol.
Adentro, mi cuerpo entrará en tu cuerpo y desaparecerá entre el volumen de tus pechos
y tu carne húmeda.
Como un minero iré dentro de ti, escarbaré hasta el centro de ti
haré brotar de tu cuerpo a ese otro enemigo de Amadís de Gaula
y de toda la infinita caterva de su linaje
un niño con una sonrisa que resuena por los siglos
un crío que antes de nacer ya conocerá el tormentoso camino que me trajo hasta tu lecho.

Words for an Extra Chapter in Don Quixote [LXXV]

> Now am I the enemy of Amadis of Gaul and of the whole countless troop of his descendants; odious to me now are all the profane stories of knight-errantry; now I perceive my folly, and the peril into which reading them brought me; now, by God's mercy schooled into my right senses, I loathe them."
> (Don Quixote Trans. by John Ormsby)

Although the airs of knight-errant have been extinguished from my brain
although the air rests without the weight of my sword and villages long for the gallop of my horse
and the shape of my body has already dissipated from the grass that sheltered me
I know my name is imprinted on the Indies and the conquistadors teach it to every village they defeat, or bombard.
Everything in my life is a contradiction and an infinite succession of disappointments
and the spells have become ineffective because of the power of reason.
In spite of everything, I admit that I like your toothless face
your humpback seduces me
and your flat nose and pockmarks make me blush, Aldonza Lorenzo.
Alone I dream of your thick waist and your gigantic arms lifting an ax
I see myself with you chasing sheep along the way
humming the songs of the Knight of the White Moon.
I dream of a plump boy growing in your womb,
a wide-handed child that calls me father.
The three of us will live on a farm in the middle of this arid and cloudless land.
Outside, the child will play with my shield and will try to mount Rocinante jumping from a tree.
Inside, my body will enter yours and disappear within the volume of your breasts
and your moist skin.
Like a miner I will go inside you, I will dig to your core
I will force another enemy to Amadís de Gaula and his infinite lineage
emerge from your body
a child with a laugh that echoes across centuries
a son that before his birth will know the turbulent path that brought me to your bed.

'Los amantes de Valardo'

Amor, ese miedo a morir con los ojos abiertos,
lejos, en soledad,
se desvanece en este abrazo de piedra.
Aquí, dormiremos en silencio,
bajo el tallo de la vid,
que se enrojece con la tibieza de tu sangre.
Mil veces usaría esta daga para seguirte
mil vidas con sus noches y sus muertes.

'Valardo's Lovers'

My love, the fear of dying with your eyes open,
distant, alone,
dissolves in this firm embrace.
Here, we will sleep in silence,
under the stem of the vine,
that reddens with the warmth of your blood.
A thousand times would I use this dagger to follow you
a thousand lives with their nights and their deaths.

Cara y cruz

Si la vida es el desprecio, la mía ha sido plena.
La risa condescendiente, mariposa de alas blancas
se ha posado sobre mi frente y aletea
con su tono mordaz y agrio canta entre las cuerdas.

¡No!
Aunque en el momento preciso pueda causar un eclipse
una moneda tirada al aire no puede convertirse en la luna.
Como todo lo que sube, cae
y en la caída, ignorante de su desgracia, sonríe.

Si la vida es el olvido, la mía está completa.
Ya he dejado atrás la brisa de esas alas
y en el fango, bajo el paso inclemente de los transeúntes,
yace su sonrisa metálica.

Algunos dirán que aguarda el óxido de los años
yo diré, si acaso estoy cerca, que al fin ha encontrado su lugar.

Heads and Tails

If life is contempt, mine has been full of it.
Condescending laughter, that white-winged butterfly
has landed on my forehead and flutters its wings
with its sharp and bitter tone, it sings within the chords.

No!
Although the perfect moment can cause an eclipse
a coin tossed into the air cannot transform into the moon.
Everything that goes up, comes down
and as it falls, ignorant of its misfortune, it smiles.

If life is oblivion, mine is complete.
I have already left behind the wind of those wings
and in the mud, under the rough steps of the passersby,
lies its metallic smile.

Some will say that it awaits the rust of the years
I will say, if by chance I am near, that it has finally found its place.

Yo moriré en silencio con los ojos abiertos
a la intemperie moriré como un árbol con el tronco hueco
y la muerte acechante aserradora, con su hoja afilada
me arrancará del suelo.

Muerto bien muerto me detendré en lo oscuro
y la muerte, que ve en oscuro, me servirá de antorcha.

Muerto sordamente muerto me moriré en lo callado
y la muerte, que escucha en lo callado, será mi audiencia.

Muerto, tibiamente muerto, me moriré en el fuego
y la muerte, que con el fuego danza, avivará la llama.

Muerto, cenizamente muerto, me moriré en el viento
y la muerte, que viento es y con el viento viaja, me esparcirá en el suelo.

Muerto, distantemente muerto, me moriré en pedazos
y la muerte, travestida en caminante, me llevará en su bolsillo.

I will die quietly with my eyes open
I will die outside like a hollow tree
and death, lurking with its sharpened leaf
will pull me from the ground.

Dead, very dead I will stop in the darkness
and death, that sees at night, will be my torch.

Dead, deafly dead I will die in the silence
and death, that listens in the silence, will be my audience.

Dead, warmly dead, I will die in the fire
and death, with the dancing fire, will rekindle the flame.

Dead, like ash, I will die in the wind
and death, that is and travels with the wind, will scatter me on the ground.

Dead, distantly dead, I will die in pieces
and death, disguised as a traveler, will carry me in his pocket.

Digamos por el bien del poema

1.
Digamos por el bien del poema
que la raíz de estos tallos me llega hasta el vientre
y en mi vientre una nuez
como una roca
tiene la forma del hijo que se rehúsa a salir
y cada día se interna más en el cauce
                              en el río de mi sangre.

2.
Digamos por el bien del poema
que yo jugaba a meterme los dedos en la nariz
y contenía el aire
                    con la persistencia de la rana
tú me mirabas desde tus zapatos de plataforma
y contenías la risa
                    con la seguridad de la serpiente
esperabas que la presa
                    alcanzara su forma definitiva.

3.
Digamos por el bien del poema
que esta jungla crece como un abrazo
                              entre pecho y espalda
rodea el trópico de Capricornio
                              y espera que alguien llegue
hasta su origen.
He buscado varias veces el nacimiento de este río
he explorado esta manigua virgen
y conozco el camino que jamás has recorrido
                                   y a solas me río
de tus pretensiones de experiencia y la torpeza de tus manos.

Let's Say for the Sake of the Poem

1.
Let's say for the sake of the poem
that the root of these stems reaches my belly
and in my belly a nut
like a rock
shaped like a child that refuses to leave
and each day deepens into the riverbed
                              into the river of my blood.

2.
Let's say for the sake of the poem
that I used to put my fingers in my nose
and hold my breath
                    with the tenacity of a frog
you looked at me from your platform shoes
and contained your laughter
                    with the conviction of a serpent
you waited for your prey
                    to reach its final form.

3.
Let's say for the sake of the poem
that this jungle grows like an embrace
                              between chest and back
it surrounds the Tropic of Capricorn
                              and waits for someone to arrive
at its origin.
I've searched for the source of this river many times
I've explored this virgin mire
and know the path that you have never walked on
                                        and I laugh alone
about your airs of experience and the clumsiness of your hands.

4.

Digamos por el bien del poema
que cuando tocas mi lengua
y te ríes de mis ojos cerrados
con la fuerza de dos puños quisiera golpearte en las tetas
parar de bailar
                y dejarte sola.
Cuando muerdes mi lengua
y haces correr la sangre
recuerdo el dolor que me hizo notar que existías.

5.

Digamos, por el bien poema
que mi negocio es la desnudez,
ser un cuerpo que camina desnudo por las calles del casco viejo
                                       y sonreír

con esa risa sabrosa de quien se marcha.
Digamos que mi cuerpo es el poema y tú el cincel
y desde adentro me labras.

4.
Let's say for the sake of the poem
that when you touch my tongue
and laugh at my closed eyes
I'd like to strike you in the chest with the power of two fists
stop dancing
                        and leave you alone.
When you bite my tongue
and let the blood run
I remember the pain that reminded me of your existence.

5.
Let's say, for the sake of the poem
that my business is nakedness,
to be a naked body walking through the streets of the old town
                                            and smile
with the delicious laugh of someone who is leaving.
Let's say that my body is the poem and you the chisel
that carves me from the inside.

Digamos que creo en la voluntad,

es decir que el yo se reafirma en cada acto.

Entonces, fue mi voluntad que esta nariz creciera en forma de espiga,

que una vez en lo profundo de tu carne mi miembro se extendiera como un ancla y que tu cuerpo

de arena lo rodee y luego se congele tembloroso.

Esta piel se hizo áspera porque así se lo ordené una mañana de aburrimiento junto al fuego.

Esta voz tiene el tono de mis deseos y mis angustias la afinan para recrearme

cuando canto en la ducha.

Jamás le he ordenado a la manzana que abra sus alas y se aleje

todavía me entretiene verla caer sobre los platos de sopa hirviente.

Si he perdido algo puedo recuperarlo

y el tiempo es un amante vencido, tantas veces.

No creo en la suerte porque creo en mí.

Cuando me hecho a dormir en esta cama de alambres y mota pelada

el mundo sufre mi ausencia y aguarda mi regreso

en silencio

como una esfera de gelatina fuera de su órbita.

Me hablas de la voluntad y exiges que crea en ella,

luego quieres que borre la sonrisa que me surge al saber

que si te marchas de mi lado

soy yo quien lo ordena

y tú me obedeces.

Let's say that I believe in free will,
that is to say that my being reasserts itself in every act.
Then, it was my will that caused this nose to grow like a peg,
that once in the depths of your skin my member would extend itself like an anchor and that
your body of sand encircles it and then freezes, trembling.
This skin is rough because that is how I made it one boring morning by the fire.
This voice has the tone of my desires and my anguish fine tunes it to recreate myself
when I sing in the shower.
Never have I ordered the apple to spread its wings and fly
I still enjoy watching it fall into the bowls of boiling soup.
If I have lost something I can recuperate it
and time is a lover, defeated many times.
I do not believe in luck because I believe in myself.
When I go to sleep on this bed of wires and stripped cotton
the world feels my absence and awaits my return
in silence
like a gelatinous sphere outside its orbit.
You speak of will and insist that I believe in it,
then you want me to erase the smile on my face when I know
that if you leave my side
it is my will
and you obey.

No hago falta en esa fotografía holgada de rostros,
ni en esa lista de quienes son o deben ser.
No hago falta como Plutón en la lista de los planetas.
Sí, Plutón y yo, rocas oscuras, seres implumes, bípedos que gravitan sin molestar a nadie.
¿Qué importa si hoy estamos adentro o afuera,
cuando nos cubre la sombra de gigantes mórbidos que henchidos de gas nos eclipsan?
¿Qué importa?

Sentados en la mesa de los pedantes, mi amigo y yo casi hemos agotado el vino;
a veces nos reímos de nuestra ausencia,
de nuestro espacio vacío, de la insolencia con que pasan en los desfiles
y del amor que les dimos.

I am not missed in that photograph full of faces,
nor on that list of those who are, or should be.
I am not missed like Pluto on the list of planets.
Yes, Pluto and I, dark rocks, featherless beings, bipeds rotating without disturbing anyone.
What does it matter if today we are inside or outside,
when we are covered by the shadows of saturnine giants, full of gas, that eclipse us?
What does it matter?

Seated at the pedant's table, my friend and I have almost run out of wine;
sometimes we laugh at our absence,
at our empty space, at the insolence with which the paraders pass
and at the love we gave them.

VI

Nocturnos del caminante

Nocturnes of the Traveler

Primer nocturno del caminante

Como una pluma de agua, el copo de nieve, cae.
Destellos de vapor, sobre los techos oblicuos,
la primavera se anuncia.
El sol del invierno estira los brazos y sonríe.
Los vigías, los viajeros, los soldados
quieren quitarse el sombrero y empaparse la cabeza con agua nieve.
¿Quién vendrá a sentarse junto a mí en esta silla de parque?
¿Quién sacará el corcho de la botella con sus dientes?
¿Quién pasará de largo ocultando que me conoce?

First Nocturne of the Traveler

Like a feather of water, the snowflake falls.
Glimmers of vapor on the sidelong roofs,
spring announces itself.
The winter sun spreads its arms and smiles.
The guards, voyagers, soldiers
want to take off their caps and soak their heads in sleet.
Who will come to sit with me on this park bench?
Who will open the bottle with their teeth?
Who will pass me by pretending not to know who I am?

Segundo nocturno del caminante

Como si la nieve quisiera volver a las alturas,
la base de la colina se llena de niebla.
Este camino que jamás ha sido andado
se interna en la tarde con la misma inclinación de la luz.
Atrás, queda el murmullo de la ciudad, los cantos de las jóvenes,
el movimiento de los cuerpos y ese olor que anuncia
la llegada de la noche.

Second Nocturne of the Traveler

As if the snow wished to return to the heavens,
the foothills fill with fog.
This path that has never been walked upon
settles in the afternoon along the sunlight.
The murmur of the city, the girls' song,
the movement of the bodies, and the scent that heralds the evening
are left behind.

Tercer nocturno del caminante

El aroma del vino es el mismo a ambos lados del Atlántico.
Esta garganta no encuentra sosiego, ni refugio,
en ningún rincón de la noche.
El cielo, cobija de estrellas, se desliza en sentido contrario a mis pasos.
Cada mañana me levanto con la misma miseria,
el mismo sabor rancio en la garganta, la misma sed
y este olor a cuerpo envejeciente,
este olor a almizcle que se hace más fuerte al mediodía,
este olor que hace olvidar la gravedad que habita el corazón de la tierra
y anima a refugiarse en el vacío.

Third Nocturne of the Traveler

The smell of wine is the same on both sides of the Atlantic.
This throat does not find peace, nor refuge,
in any corner of the night.
The sky, blanket of stars, glides in the opposite direction of my steps.
Every morning I wake up with the same misery,
the same rancid taste in my mouth, the same thirst
and odor of this aging body,
this musky odor that intensifies at midday,
this odor that makes me forget the solemnity in the heart of the earth
and encourages refuge in the emptiness.

Cuarto nocturno del caminante

El sol quema la espalda de quien camina encorvado,
a quien viaja con la frente en alto lo enceguece.
El caminante viaja con la complicidad de la cordillera,
corre, amparado por el perfil de la sombra, corre.
En ocasiones, alguna nube se convierte en su cómplice,
le ayuda a deambular por planicies y sabanas.
Hay, sin embargo, un lugar en la manigua que le provee sombra constante,
silencio constante, soledad constante y quietud
siempre insuficiente.
Allí, pasa las fiestas, en completo ascetismo de la luz.
Lejos de la gritería incesante y de los destellos intermitentes
de los fuegos artificiales y de las risas;
sí, de las risas condescendientes que lo abruman y patean por la espalda.

Fourth Nocturne of the Traveler

The sun burns the curved backs of the travelers,
those who walk with their heads high are blinded.
The traveler walks with the help of the mountain,
he runs, protected by the shade, he runs.
Sometimes, a cloud becomes his accomplice,
it helps him wander through plains and savannahs.
There is, however, a place in the country that provides him with constant shade,
constant silence, constant solitude and tranquility
but never enough.
There, he spends his holidays, completely abstinent from light.
Far from the incessant racket and erratic twinkling
far from fireworks and laughter;
yes, far from the condescending laughter that burdens him and kicks him down.

Quinto nocturno del caminante

Hay un lugar bajo las aguas en el que el silencio ha desplazado a la luz.
Para reconocerse unos a otros, sus habitantes se han hecho pieles de fósforo.
Allí, el caminante estaría a sus anchas.
Hace tiempo que se habla de un diluvio que traería silencio sobre las praderas.
En sueños, el caminante es un pez sin nombre,
un escualo gigante de voz grave y tez opaca,
un par de ojos que se cierran en la noche y se sumergen en el sueño.

Fifth Nocturne of the Traveler

There is a place under the sea where silence has replaced light.
In order to recognize each other, its inhabitants have covered their skin with phosphorus.
There, the traveler would be at ease.
For some time, there has been talk of a downpour that would bring stillness to the meadows.
In dreams, the traveler is a nameless fish,
a giant shark with a deep voice and dense skin,
a pair of eyes that close in the nighttime and sink into sleep.

Sexto nocturno del caminante

El sol de la tarde derrite la espalda del campesino.
Encorvado, como un arco iris de savia, deposita la semilla en el surco de tierra.
La ladera de la montaña no es muy fértil para la siembra, pero es segura.
Los valles y las colinas pertenecen a hombres con pelo en el rostro,
guerreros de sed irreprimible que en ocasiones se cortan las muñecas y beben de su propia sangre.
En la noche, refugiado entre los surcos de su parcela, siente el aroma a carne quemada.
A veces quiere, como sus ancestros, abrir un hueco en la roca y dejar que el agua fluya,
inundar la pradera y hacerlos volver a sus barcos sin rastros de laurel en el pico.
A veces quiere, al igual que sus enemigos, marcharse a tierras extrañas y embriagarse con sus mujeres.
Hembras de piernas pálidas y generosas, vientres que arden en sed,
solitarias, como surcos, que aguardan la llegada de su semilla.

Sixth Nocturne of the Traveler

The afternoon sun melts the farmer's back.
Stooped, like a rainbow of sap, he drops seed into the furrow of dirt.
The mountainside isn't very fertile, but it is stable.
The hills and valleys belong to men with hairy chests,
warriors of unquenchable thirst that sometimes cut their wrists and drink their own blood.
At night, sheltered between their plots of land, he senses the smell of burned meat.
Sometimes, like his ancestors, he wants to open a hole in the rock to let water flow,
flood the prairie and force everyone onto their boats without a taste of laurel in their mouths.
Sometimes, like his enemies, he wants to march into strange lands and drink with their women.
Women with pale and generous legs, wombs burning with thirst,
alone, like grooves, awaiting his seed.

Séptimo nocturno del caminante

Entre las sombras de la manigua, hay un ser que pasa la vida sin moverse.

Sobre su cuerpo han crecido ramas, líquenes y musgos.

En ocasiones, algún cazador extraviado se sienta en su espalda para consultar la brújula.

Desde su inmovilidad, contempla el tiempo como una cascada que salpica en todas las direcciones.

En su silencio, escucha el murmullo de las hormigas que discuten la mejor manera de usarlo para construir un puente.

En su ceguera, distingue tonalidades en la sombra que lo cubre.

En su soledad, olvida

pasa la vida sin moverse.

Seventh Nocturne of the Traveler

Amid the shades of the jungle, there is a being that spends its life in stillness.
Branches, moss, and lichens have grown on its body.
Sometimes, a lost hunter sits on its back and checks his compass.
From its stillness, it ponders time like a cascade splashing in different directions.
In its silence, it listens to the hum of the ants who discuss the best way to use him as a bridge.
In its blindness, it makes out the sounds that surround him.
In its solitude, it forgets
it spends its life in stillness.

Octavo nocturno del caminante

Si se camina el dirección opuesta al planeta
puede distinguirse la línea que separa la noche del día.
La tierra, media naranja que flota en el vacío,
albergue del caminante que interna su frente en la penumbra
y deja que la espalda se haga ceniza en el ocaso,
se detiene de repente y se toma un merecido descanso,
el caminante se va de bruces hacia el vacío,
su mano busca una rama, la raíz de un árbol, la aleta de un tiburón.
En medio de esta sopa de éter el caminante continúa su jornada;
ahora se deja llevar por la tierra, pelota de arena y plancton
de la que cuelga como un chico aferrado a su globo.

Eighth Nocturne of the Traveler

If you walk away from the planet
you can see the line that separates night and day.
The earth, the half-orange that floats in space,
shelter of the traveler who places his forehead in the penumbra
and lets his back turn to ash in the sunset,
suddenly stops and takes a well-deserved rest,
the traveler steps into the void,
his hand searches for a branch, the root of a tree, a shark's fin.
Within this ether soup, the traveler continues his journey;
he gives himself to the earth, to the ball of sand and plankton
from which he hangs like a child attached to his balloon.

Noveno nocturno del caminante

¿Cómo reaccionaría la amante que se marcha al saber que su amado se ha curado de sus heridas?
¿Volvería a romper su camisa en busca de una llaga profunda e infectada?
¿Trataría de excavar su pecho con besos profundos en busca de un corazón zurcido con hilos de sangre?

El caminante no lo sabe, pero hace tiempo que dejó de tocarse la tetilla izquierda,
hace meses que su respiración no se atraganta con un suspiro,
hace semanas que se entretiene viendo pasar a la gente
y ya, varias veces, ha intercambiado miradas con una muchacha en la plaza de mercado.

Frente a la mujer enloquecida que lo ataca e insiste en romperle la camisa,
el caminante expone un pecho limpio y sin marcas,
la mirada anodina de quien no comprende de qué le hablan.

Ninth Nocturne of the Traveler

How would the lover, as she walks away, react upon learning that her lover's wounds have healed? Would she again, rip his shirt in search of a deep, infectious gash?
Would she try to dig into his chest with profound kisses in search of a heart stitched with threads of blood?

The traveler doesn't know it, but it's been a long time since he touched his left nipple,
it's been months since his breathing was stopped by a sigh,
it's been weeks since he entertained himself by watching people go by
and he, many times, has now exchanged glances with a girl from the market.

In front of the crazed woman attacking and ripping his shirt,
the traveler exposes a clean and unmarked chest,
the anodyne look of someone who does not understand what is being said to them.

Décimo nocturno del caminante

Un hombre cuyo sueño se repite día tras día sin variación alguna
decide sumergirse en las aguas y convertirse en un ancla.
Con los brazos clavados en la tierra y la cabeza aferrada a una roca
deja que el silencio se le filtre por los oídos,
que las aguas se lleven esa pesadilla que se bifurca en las sombras de la noche,
que las mareas diluyan la imagen de ese naufragio,
que los peces coman de su carne y, a cambio de ello, sueñen por él.

Tenth Nocturne of the Traveler

A man who has the same exact dream day after day
decides to sink into the water and become an anchor.
With his arms fixed to the dirt and his head firmly on a rock
he lets the silence seep into his ears,
lets the waters take the nightmare that divides itself into the shadows of the night,
lets the tides dilute the image of that shipwreck,
lets the fish eat his flesh and, in return, dream for him.

Undécimo nocturno del caminante

En la espesura de la noche, la rana
sirena anfibia,
le ofrece esta canción a la mosca:
ven amado a juntarte con la amada,
ven en la noche sosegada,
ven pegada a mi lengua de caza,
deja que te alcance.

Eleventh Nocturne of the Traveler

In the thickness of the night, the frog
amphibious siren,
recites this song to the fly:
come, my love, join your lover,
come in the calm of the night,
come, stick to my hunter's tongue,
let it reach you.

Duodécimo nocturno del caminante

Míralo, ha caído y muere.
Muere de muerte lenta y constante.
Junto a él, el caminante reposa acuclillado entre las ramas.
Incapaz de controlar sus intestinos siente en el vientre un dolor,
un nudo que se cierra como la soga del verdugo
mientas el caído, ¡ay! sigue muriendo.

Twelfth Nocturne of the Traveler

Look at him, he has fallen and is dying.
Slowly and steadily.
Beside him, the traveler squats to rest between trees.
Unable to control his bowels he feels a pain inside him,
a knot that closes like a hangman's rope
as the fallen one, oh! Continues to die.

Décimo tercer nocturno del caminante

Una flor de pétalos incandescentes cae en dirección a la hoguera.
El caminante se ha acercado a la brasa para espantar el frío de sus huesos.
Los pétalos de la flor le parecen un par de abanicos de papel
con los que una mano invisible intenta apagar el fuego.
Justo antes de quemarse, la flor se despierta y se aleja volando
con un aleteo lento que deja un rastro de polen.
El caminante junta sus pulgares y remeda el vuelo de la mariposa
que desparece en la noche como una salamandra recién nacida.

Thirteenth Nocturne of the Traveler

A flower with bright petals falls towards the bonfire.
The traveler sits by flames to scare the cold off his bones.
The flower petals resemble a pair of paper fans
that an invisible hand tries to use to put out the fire.
Just before burning itself, the flower wakes up and flies away
with a slow fluttering, leaving a trail of pollen.
The traveler puts his thumbs together and mimics the flight of the butterfly
that disappears in the night like a newborn salamander.

Décimo cuarto nocturno del caminante

Vistos de perfil, los sauces le dan a la montaña la forma de un rostro humano.
Un rostro de ceño fruncido con facciones de gigante.
Como un gesto de respeto por el durmiente, el caminante camina descalzo por la ladera.
No quiere imaginarse lo que sucedería si decidiera rascarse la cara
o tuviera que estornudar por alergia al polen que trae adherido a sus zapatos.
No obstante, cuando el caminante ha alcanzado el espacio entre las cejas de sauce,
se escucha un ronquido grave, los animales corren a sus madrigueras,
el caminante sostiene la respiración y abre sus brazos como dos ramas de árbol.

Fourteenth Nocturne of the Traveler

Seen in profile, the willows make the mountain look like a human face.
A frowning face with the features of a giant.
Respectful of the sleeper, the traveler walks barefoot on the hillside.
He does not want to imagine what would happen if he decided to scratch his face
or sneeze because of an allergic reaction to the pollen he carries along on his shoes.
However, when the traveler reaches the space between the willow eyebrows,
a deep snoring is heard, animals run to their dens,
the traveler holds his breath and opens his arms like two tree branches.

Décimo quinto nocturno del caminante

Si toda la vida pudiera vivirse en una sola mañana,
el caminante la pasaría bajo la tierra y el agua
en un pozo subterráneo al que no llegue la luz.
Pez solitario, único habitante de un reino de oscuridad y silencio
cuyo cuerpo tiene la forma y las dimensiones del agua en que está sumergido.
Epidermis líquida en la que todas las arrugas son pasajeras
como las olas que se forman cuando alguien arroja un guijarro al estanque.

Fifteenth Nocturne of the Traveler

If an entire life could be lived in just one morning,
the traveler would spend it under earth and water
in an underground well where light cannot reach.
Lonely fish, sole inhabitant of a dark and silent kingdom
whose body takes the shape and dimensions of the water in which he swims.
Liquid skin on which every wrinkle is temporary
like waves that form when someone throws a pebble into a pond.

Décimo sexto nocturno del caminante

Dormido bajo una sábana de hojas que lo cubre de la luz,
el caminante siente que la luna pasa,
algo se le retuerce en el vientre y trata de deshacerle el nudo del ombligo.
Si llegara a reventarse tendría que cubrir el agujero con su dedo meñique,
buscar por cielo y tierra un pedazo de ámbar que se ajuste al tono de su piel
y encajarlo en la herida.
Mientras se aprieta el estómago con las manos, el caminante piensa
en la primera vez que esa herida estuvo abierta.
Ese día en que alguien lo arrancó del silencio y la oscuridad
para arrojarlo a esta piscina de luz y fragancias artificiales.

Sixteenth Nocturne of the Traveler

Asleep under a blanket of leaves protecting him from the light,
the traveler feels the moon pass,
something twists in his stomach and tries to undo the knot at his navel.
If it bursts, he'd have to cover the hole with his little finger,
look all over for a piece of amber that matches his complexion
and insert it into the wound.
Clutching his stomach with his hands, the traveler thinks
about the first time that wound was opened.
The day someone yanked him from the silence and darkness
and tossed him into this aromatic pool of light.

Décimo séptimo nocturno del caminante

Hay al final del invierno
una noche en que justo antes del amanecer
el caminante puede ver por un instante y al mismo tiempo
la nieve, la luna, las flores.

Seventeenth Nocturne of the Traveler

At the end of winter
there is a night where just before the morning
the traveler can see the snow, the moon, the flowers
for an instant and all at the same time.

Décimo octavo nocturno del caminante

La leche de la vaca se congela antes de caer en la jofaina.
El caminante, como un tragador de espadas,
se introduce las estalactitas hasta lo más profundo de la garganta.
Unos momentos después siente el goteo rítmico en el estómago.
En su mente está la imagen de la madre de la que manaba ese líquido tibio
que le permitía ver el mundo con unos ojos desprovistos de angustia.

Eighteenth Nocturne of the Traveler

The cow's milk freezes before falling into the basin.
The traveler, like a sword swallower,
introduces stalactites into the depths of his throat.
Moments later, he feels the rhythmic trickle in his stomach.
In his mind is the image of the mother from which the warm liquid flowed
that allowed him to see the world with eyes devoid of anguish.

Décimo noveno nocturno del caminante

La campana repica en la torre de la iglesia.
Como hormigas bajo la amenaza del fuego
las gentes se precipitan hacia el templo.
Oculto bajo un sombrero de alas anchas
el caminante se acerca a la puerta y escucha lo que dicen:
han llegado noticias de un hombre que le huye a la luz y duerme en la manigua,
dicen que seca la saliva de las mujeres que lo besan
y que el roce de su lengua sobre la piel de la amada deja un rastro blanco que sabe a leche de cabra.
Algunos lo comparan con el anticristo.
Una mujer, con picardía, sostiene que se trata de Adán que a falta de un ombligo se ha hecho uno
de ámbar.
Otra dice que en el fondo de su pecho late un corazón remendado con una aguja de zapatero.
Los más educados creen que se trata del hijo de Medusa y que su mirada podría convertirlos en
una losa de mármol.
Al llegar la noche, el caminante ha partido y deja tras de él
una iglesia repleta de fieles que rezan por la paz de su alma y su pronta partida de estas tierras.

Nineteenth Nocturne of the Traveler

The bell tolls in the steeple of the church.
Like ants under the threat of fire
people rush to the temple.
Hidden under a wide-brimmed hat
the traveler walks toward the door and listens in:
there is news of a man who runs from light and sleeps in the hills,
they say that he wipes away the saliva of the women who kiss him
and that the touch of his tongue on a lover's skin leaves a white trace that tastes like goat milk.
Some compare him to the antichrist.
A sly woman says that it is Adam who, in need of a belly button, has crafted one for himself out
of amber.
Another one says that a heart mended with a shoemaker's needle beats deep in his chest.
The most educated ones believe that he is Medusa's son and that his gaze could transform them into
slabs of marble.
Come nightfall, the traveler had gone and left behind
a church full of disciples who prayed for his soul's peace and his quick departure from the land.

Vigésimo nocturno del caminante [Voz del caminante]

Que veas y no mires es todo lo que te puedo decir
antes de ocultarme del sol de la mañana.
Que oigas y no escuches es lo que te digo justo antes de callarme.
Que sientas y no toques como quien siente el poder de la hoguera sin sumergirse en su flama, te aconsejo
antes de avivar la brasa.
Que siempre partas de un lugar protegido por la sombra
y que desde ella veas el mundo en silencio
carrusel que pasa sin esperar a que lo abordes . . .

Twentieth Nocturne of the Traveler [In the Traveler's Voice]

To see and not look is all I can tell you
before shielding myself from the morning sun.
To hear and not listen is what I tell you before I keep quiet.
To feel and not touch, like one who feels the power of the bonfire without stepping into its flames,
I advise you before stoking the embers.
May you always leave and be protected by shade
from where you can see the world in silence
the carousel that spins without waiting for you to climb aboard . . .

Nota biográfica

Carlos Aguasaco [Bogotá, 1975] es una de las figuras más reconocidas de la nueva poesía hispana en los Estados Unidos. Profesor titular de estudios culturales latinoamericanos y Director encargado del Departamento de Estudios Interdisciplinarios de City College of the City University of New York. Se doctoró en Stony Brook University y recibió la prestigiosa W. Burghardt Turner Doctoral Fellowship de la Universidad Estatal de Nueva York. También recibió una maestría en CCNY y se graduó de literatura en la Universidad Nacional de Colombia. Ha editado once antologías literarias y publicado seis libros de poemas, los más recientes *Poemas del metro de Nueva York* (2014, publicado en francés en 2018, en árabe en 2019), *Piedra del Guadalquivir* (2017) y *Un hombre pasa con su cuerpo al hombro* (2019). También ha publicado una novela corta y un estudio académico del principal superhéroe latinoamericano, El Chapulín Colorado: *¡No contaban con mi astucia! México: parodia, nación y sujeto en la serie de El Chapulín Colorado* (2014). Es además el editor de *Transatlantic Gazes: Studies on the Historical Links between Spain and North America [Miradas transatlánticas: estudios sobre los vínculos históricos entre España y Norte América]* (2018). En 2010 recibió el premio India Catalina en video arte en el Festival Internacional de Cine de Cartagena de Indias. Carlos es el fundador y director de Artepoetica Press (artepoetica.com), una editorial especializada en autores y temas hispanos. También es el director de The Americas Poetry Festival of New York (poetryny.com) y coordina The Americas Film Festival of New York (taffny. com). Ha co-organizado conferencias y seminarios internacionales con instituciones como Instituto Franklin (Universidad de Alcalá), Instituto Cervantes, Proyecto Transatlántico (Brown University) y Universidad Tres de Febrero entre otras. Sus poemas han sido traducidos a una variedad de lenguas como el inglés, portugués, gallego y el árabe. Ha viajado a alrededor de veinte países de Europa, Asia, África, Norte y Sur América, invitado a congresos internacionales, seminarios, festivales de poesía, y ferias del libro (como conferencista, orador principal, panelista, autor, etc.). Web: carlosaguasaco.com

Biographical Note

Carlos Aguasaco [Bogota, 1975] is one of the central figures of the new Hispanic American Poetry in the US. He is an Associate Professor of Latin American Cultural Studies and Acting Chair in the Department of Interdisciplinary Arts and Sciences of City College of the City University of New York (CUNY). Carlos received his Ph.D. from Stony Brook University and was awarded the prestigious W. Burghardt Turner Doctoral Fellowship by the State University of New York. He also holds an M.A. in Spanish from CCNY and a B.A. in Literature from the Universidad Nacional de Colombia. He has edited eleven literary anthologies and published six books of poems, most recently *Poemas del metro de Nueva York* (Spanish edition 2014, French edition 2018, Arabic edition 2019)*, Piedra del Guadalquivir* (2017), and *Un hombre pasa con su cuerpo al hombro* (2019). He has also published a short novel and an academic study of Latin America's prime superhero, *El Chapulín Colorado*, titled *¡No contaban con mi astucia! México: parodia, nación y sujeto en la serie de El Chapulín Colorado* (2014). He is the editor of *Transatlantic Gazes: Studies on the Historical Links between Spain and North America* (2018). In 2010 he won the India Catalina Prize for best video in the art category at the Cartagena International Film Festival. Carlos is the founder and director of Artepoetica Press (artepoetica. com), a publishing house specializing in Hispanic American themes and authors. He is also director of The Americas Poetry Festival of New York (poetryny.com) and coordinator of The Americas Film Festival of New York (taffny.com). He has co-organized international conferences and seminars with institutions like Instituto Franklin (Universidad de Alcalá), Instituto Cervantes, Transatlantic Project (Brown University) and Universidad Tres de Febrero, among others. His poems have been translated into English, French, Portuguese, Romanian, Galician, and Arabic. He has traveled extensively to about twenty countries in Europe, Asia, Africa, North and South America to participate in international congresses, seminars, poetry festivals and book fairs (as keynote speaker, panelist, featured author, etc.). Web: carlosaguasaco.com

Sobre las traductoras / About the Translators

Carol O'Flynn is a linguist and translator who has lived in Colombia for more than 50 years. She made the linguistic description of Sanadresano Creole, a language spoken by the population of the archipelago of San Andrés and Providencia.

Carol O'Flynn es una lingüista y traductora que ha vivido en Colombia por más de 50 años. Ella realizó la descripción lingüística del criollo sanadresano, una lengua hablada por la población del archipiélago de San Andrés y Providencia.

Pilar González is a writer, actress and director. She received her Bachelor's degree from The City College of New York where she majored in theatre and creative writing. She has translated five books of poetry and is working on another one.

Pilar González es escritora, actriz y directora. Se graduó de The City College of New York donde estudió teatro y escritura creativa. Ha traducido cinco libros de poemas y trabaja en uno nuevo.

Translations by Carol O'Flynn:
"New York City Subway Poems," "Nueva York," "New York Nocturne," "New York Woman," "Me," "Beneath This Mestizo Skin a Midget Sleeps," "Of Good Sense," "It's My Birthday," "Prayer," "My Dear Companion," "Luck," "The Park," "Poem Two," "The light walks through the void with an arrogant, religious silence," "New York at Ground Level," "And If the One Who Spits Is a Girl?," "Destination Manhattan (Manhattan Bound)," "Window," "From the Hudson to the Delaware."

Translations by Pilar González:
"New York City Subway Poems," "The Man With The Broken Trumpet," "From the Center of the Subway Car," "1 Train, Uptown," "Lead Tooth / Bullet-Shaped Tooth [Prose Poems about Narcoviolence and Femicide in Mexico]," "On the Earth's Canvas," "A Thousand Nights and One Night," "Heads and Tails," "Nocturnes of the Traveler."

Covert art by Julia Bittruf.

Julia Bittruf is an artist and illustrator from Germany currently based in Barcelona and Kronach.

Julia Bittruf es una artista e ilustradora alemana que trabaja en Barcelona y Kronach.